Die
Geschichte des Ursprungs
der
belgischen Beghinen

nebst

einer authentischen Berichtigung der im 17. Jahrhundert durch Verfälschung von Urkunden in derselben angestifteten Verwirrung.

Von

Dr. E. Hallmann.

Mit Abbildungen auf drei Tafeln.

Berlin, 1843.
Gedruckt und verlegt bei G. Reimer.

Seiner Excellenz

dem

Wirklichen Geheimen Staats- und dirigirenden Minister der Geistlichen, Unterrichts- und Medicinal-Angelegenheiten

Herrn Dr. F. Eichhorn

ehrerbietigst gewidmet.

Vorwort.

Unter den Merkwürdigkeiten, welche die Aufmerksamkeit des gebildeten Reisenden in Belgien auf sich ziehen, nimmt die Lebensweise der Beghinen einen ausgezeichneten Platz ein. ***Lady Morgan,*** welche vor einigen Jahren eine Vertheidigung der letzten belgischen Revolution gegen die Vorurtheile der englischen Aristokratie in Form eines Romans entwarf, gab diesem Romane *) den Namen der „Beghine." Die geist- und kenntnifsreiche Verfasserin fühlte mit dem ihr eigenen künstlerischen Takte, dafs in dem anziehenden Bilde, zu dem sie alle nationalen Züge Belgiens zu vereinigen wufste, diese der belgischen Gesellschaftsverfassung eigenthümliche Gestalt nicht fehlen durfte.

So bekannt nun aber auch die Beghinen und das Beghinenwesen in Belgien sind, so unbekannt und verworren war bis jetzt die Geschichte des Ursprungs dieser frommen Genossenschaften. Die zufällige Bemerkung eines befreundeten Landsmannes, welcher über diesen Punkt Aufklärung wünschte, veranlafste mich vorigen Herbst, die günstige Gelegenheit, die mir mein Aufenthalt in der belgischen Hauptstadt bietet **), zu benutzen, um mich in einer meinen Be-

---

*) *The Princess or the Béguine by Lady Morgan. Brussels. Ad. Wahlen.* 1835. 8.

**) Seitdem dies Vorwort geschrieben ist, habe ich meinen Wohnort nach Berlin verlegt.

rufsgeschäften fremden Materie zu orientiren. Die für die Geschichte des Landes sehr schätzbare Büchersammlung des ehemaligen genter Bibliophilen *van Hulthem,* welche den Stamm der jetzigen königlichen Bibliothek bildet, führte mich bald zu dem Punkte, wo meine Vorgänger die Geschichte des Ursprungs der belgischen Beghinen gelassen haben, nämlich zu der scheinbar unlöslichen Verwirrung, in welche dieselbe durch die berüchtigten, im Jahre 1630 bekannt gemachten, sogenannten vilvorder Urkunden verwickelt ist. Da die gröfsten Autoritäten, z. B. der Göttinger ***Mosheim (de Beghardis et Beguinabus commentarius. edid. Martini Lipsiae. 1790. 8.)***, diese Urkunden für unantastbar erklärt hatten, schien es mir schon der Mühe werth, dieselben zum Gegenstande einer schärferen Prüfung zu machen. Die Nähe von Vilvorde lud zu Nachforschungen an Ort und Stelle ein, ohne welche ein befriedigendes Ergebnifs nicht zu hoffen war. Mein beharrliches Suchen wurde durch den glücklichsten Erfolg gekrönt, indem ich in einem Klosterarchive in Vilvorde Documente entdeckte, die mich in den Stand setzten, die Falschheit jener Urkunden unwiderleglich zu beweisen, und dadurch die seit 1630 verstümmelte Geschichte des Ursprungs der belgischen Beghinen zu restauriren.

Ich übergebe die zu einer kleinen Monographie abgerundeten Materialien der Oeffentlichkeit in der Hoffnung, dafs dieser Beitrag zur historischen Kritik den zahlreichen Freunden derselben in Deutschland nicht unwillkommen sein werde.

Brüssel, 8. Mai 1842.

Dr. *E. Hallmann.*

Inhalt.

Erster Abschnitt.

Geschichte des Ursprungs der Beghinen und des darüber im 17. Jahrhundert geführten Streites.

I. Capitel.

Geschichte des Ursprungs der Beghinen nach den ältesten und glaubwürdigsten Quellen. — Zeugnisse. — Ueber die Lebensweise der Beghinen und die Verfassung der Beghinhöfe.

II. Capitel.

Erörterung der Frage, ob die heilige Begga, Fürstin von Brabant, gegen das Ende des 7. Jahrhunderts die Beghinen gestiftet habe? Widerlegung der bis zum Jahre 1630 dafür vorgebrachten Gründe.

Anhang.

Abbildungen.

Erster Abschnitt.

Geschichte des Ursprungs der Beghinen und des darüber im 17. Jahrhundert geführten Streites.

I. Capitel.

Geschichte des Ursprungs der Beghinen *) nach den ältesten und glaubwürdigsten Quellen. — Zeugnisse. — Ueber die Lebensweise der Beghinen und die Verfassung der Beghinhöfe.

Der Ursprung der Beghinen fällt in das Ende des 12ten Jahrhunderts, und die Ausbreitung derselben in die erste Hälfte des 13ten, wo sie eine der vielen Aeufserungen christlicher Begeisterung darstellt, welche das letztgenannte Jahrhundert zu einem der merkwürdigsten in der Geschichte der europäischen Menschheit erheben.

In Lüttich war in den Jahren 1167 — 1192 Fürstbischof der Lothringer ***Radulphus*** oder ***Raoul,*** der sein hohes Amt auf eine höchst unwürdige Weise verwaltete.

---

*) Es giebt zwei zusammenhängende Erzählungen des Ursprungs der Beghinen, eine ältere von *Aub. Miraeus* vom Jahre 1602 (siehe darüber unten die Nachricht über die benutzten Bücher) und eine neuere von *Goethals* in *Lectures relatives à l'Histoire des sciences etc. en Belgique. Bruxelles* 1838. 8°. *Tom. IV. pag.* 8 — 19.

Die Habgier dieses Mannes, der aus dem erzbischöflichen Stuhle von Mainz schon seiner Simonie wegen vertrieben war, ging so weit, daſs er sich nicht entblödete, die geistlichen Stellen durch seinen Scharfrichter *Udelinus* auf öffentlichem Markte versteigern zu lassen. Das Beispiel des sittenlosen Oberhirten konnte nur dazu dienen, den ohnehin schon nicht tadellosen Wandel der Geistlichkeit zu verschlimmern. Wenn im 12. Jahrhundert von der Geistlichkeit der Diöcese Lüttich die Rede ist, so scheint es, daſs darunter nicht viel mehr zu verstehen war, als der Bischof und die Canonici. Auf dem platten Lande und selbst in den Städten gab es eine beträchtliche Anzahl Priester, welche die Oberherrschaft des Bischofs nicht anders anerkannten, als wenn die Gewalt sie dazu zwang. Sie zogen unabhängig und amtlos umher und predigten und verrichteten die Sacramente, wo es ihnen gut schien. Erst gegen das Ende dieses Jahrhunderts fühlte man die Nothwendigkeit, diese unstäten Priester durch Pfarrer (*curés*) zu ersetzen, d. h. durch Priester, die der Bischof selbst geweiht hatte und denen er einen festen Wohnsitz anwies.

Neben dieser unvollständigen Ausbildung der Hierarchie bildet die mangelhafte Beobachtung des Cälibats einen zweiten charakteristischen Zug in der kirchlichen Physiognomie jener Zeit. Das Cälibat war freilich geboten, aber noch keineswegs allgemein in die Praxis des priesterlichen Lebens eingeführt. In manchen Klöstern der Diöcese Lüttich lebten Männer und Frauen gemeinschaftlich, und selbst da, wo die Geschlechter getrennt waren, konnte man zu jeder Stunde des Tages und der Nacht frei aus und eingehen. Die Canonici und die übrigen Geistlichen verheiratheten sich ohne Bedenken, und die Bürger gaben ihnen vorzugsweise gern ihre Töchter.

Unter denen, die an dem gottlosen Wandel der höheren Geistlichkeit in Lüttich ein Aergernifs nahmen, zeichnete sich ein Priester Namens *Lambert le Begues* (im heutigen Französisch *le Bègue*) durch den freimüthigen Eifer aus, mit dem er in seinen Predigten das Sittenverderbnifs der Oberen tadelte. Dieser Lambert soll aus Lüttich gebürtig und in seiner Jugend Chorknabe in der Paulskirche daselbst gewesen sein. Ob er vom Bischofe ein Amt als Pfarrer erhalten hatte, ist sehr zweifelhaft: es scheint vielmehr, dafs er auf eigene Hand predigte und sich um die Autorität des Bischofs wenig kümmerte. Lambert beschränkte sich nicht darauf, seine Zuhörer und namentlich das weibliche Geschlecht vor den Verführungen der Welt zu warnen: er verwendete sein nicht unbeträchtliches Vermögen dazu, ehrbare Jungfrauen und Wittwen durch eine Stiftung eigenthümlicher Art zu einer gottgefälligen Lebensweise zu vereinigen. In einem grofsen Garten, den er vor der Stadt an der Maas in der Nähe des *pons Aerotanus* und des Laurentius-Klosters besafs, liefs er eine Menge abgesonderter Häuschen bauen, die er Personen weiblichen Geschlechtes ohne Unterschied des Standes und Vermögens, unter der Bedingung, dafs sie den Umgang mit Männern mieden, zur Wohnung einräumte. Diese Frauen wurden nach dem Beinamen ihres Wohlthäters *le Begues* „*Beguines*" (jetzt *Béguines*) genannt. In der Mitte des Gartens liefs Lambert für seine Pfleglinge eine Kirche bauen. Um dieselbe herum wurden sechs Ruthen Landes zum Kirchhofe bestimmt und mit einer hohen Mauer umgeben. Sämmtliche Bauten sollen in dem Zeitraume von 2 Jahren beendigt gewesen sein. Am 26. März 1184 wurde die Kirche dem heil. Christoph geweihet. Lambert übertrug einem Priester, den er anstellte, die Oberaufsicht über seine Stiftung.

Der Anhang, den der fromme Lambert unter dem Volke fand, und die Strafpredigten, die er den höheren Geistlichen zu halten fortfuhr, erbitterten die letzteren so sehr, dafs sie den Bischof angingen, den Lambert als einen Lästerer ins Gefängnifs setzen zu lassen. Als Lambert eines Tages seine Predigt in der grofsen Lambertus-Kirche gehalten hatte, wurde er auf Befehl des Bischofs ergriffen, von seinen Feinden noch in der Kirche selbst gemifshandelt — bei welcher Gelegenheit er die baldige Zerstörung der Kirche prophezeit haben soll — und nach Revogne abgeführt, einem Castell, das ungefähr in der Mitte zwischen Lüttich und Bouillon, eine Stunde von Rochefort entfernt lag.

Der fromme Mann beschäftigte sich im Kerker damit, die Apostelgeschichte aus dem Lateinischen in seine Landessprache, das Französische, zu übersetzen, nachdem ihm der Apostel Paulus — so erzählt der Cardinal *Jacobus Vitriacus* — erschienen war und ihn mit Schreib-Materialien versehen hatte. Auch werden von ihm noch einige andere verloren gegangene Schriften erwähnt, namentlich eine Legende vom heil. Lambert, die unter dem Titel *la Fable de St. Lambert* citirt wird.

Während Lambert gefangen safs, wurde Lüttich durch eine grofse Feuersbrunst verheert, die am 28sten April 1185 auf folgende Veranlassung ausbrach *): Der Glöckner der Lambertus-Kirche stieg auf den Thurm um zu läuten. Er hatte sich ein Gefäfs mit glühenden Kohlen mitgenommen, um sich bei diesem Geschäft die Hände zu wärmen. Eine Kohle mufste wohl durch eine Ritze des Fufsbodens in ein unteres Stockwerk, wo Holz und Stroh aufgehäuft lag, gefallen sein. In der folgen-

---

*) *Lumnius* bei *Coens* p. 78. Ueber diese beiden Autoren siehe die Nachricht über die benutzten Bücher und über *Coens* auch das 2. Capitel.

den Nacht brach nämlich im Thurme Feuer aus, das die Kirche, die umliegenden Häuser der Canonici, den bischöflichen Palast, so wie die Kirchen des heil. Petrus, Trudo, Clemens und der 11000 Jungfrauen verzehrte. Die ganze Stadt schwebte drei Tage lang in der gröſsten Gefahr.

Die Weissagung Lamberts war eingetroffen und seine Feinde klagten ihn nun der Magie an. Die vier kundigen und gelehrten Männer, denen *Radulphus* die Untersuchung Lamberts übertragen hatte, konnten indeſs keinen Tadel an ihm finden und das Volk fing an, über die Haft Lamberts zu murren, die um so ungerechter war, da Lambert seine Freilassung nur begehrte, um nach Rom zu gehen und von dem heil. Vater selbst eine Entscheidung über sein Thun und Treiben zu erflehen. *Radulphus* lieſs ihn also nach Rom reisen, wo Lambert bei *Urban III.* gnädiges Gehör fand. Der Papst sprach ihn von allem Vorwurf frei, verwies seine Ankläger zur Ruhe und bestätigte in einer Bulle den Lambert als Patriarchen des von ihm gestifteten Instituts der Beghinen. Lambert kehrte nach Lüttich zurück, um noch die letzten Kräfte der Befestigung seines wohlthätigen Werks zu widmen. Sechs Monate nach der Rückkehr starb er, in der zweiten Hälfte des Jahres 1187 und wurde vor dem Hochaltar der von ihm erbauten Christophskirche beigesetzt.

Diese Kirche war 50 Jahre nach Lamberts Tode schon zu klein für die Menge der Beghinen zum heil. Christoph, deren Zahl auf 1500 gestiegen war. Im Jahre 1241 wurde daher die Kirche, die schon in den Kriegen, welche Lüttich vom Jahre 1191 — 1214 verwüsteten, bedeutend gelitten hatte, erweitert und dergestalt verändert, daſs man einige Jahrhunderte später weder die ursprüngliche Stelle des Hochaltars noch die Grabstätte Lamberts mehr anzugeben wuſste. Aber noch in späten Jahrhunderten *) wurde alljährlich im Monat März das Stiftungsfest des Beghinhofs gefeiert und dabei der Name *Lambert-le-Beghe* dem Volke verkündigt.

Die vorstehende Geschichte des Stifters der Beghinen habe ich aus den ältesten und glaubwürdigsten Quellen zusammengestellt. Ueber die einzelnen Umstände im Leben Lamberts und ihre chronologische Folge herrscht bei den Schriftstellern Verschiedenheit der Angaben, unter denen ich nach gewissenhafter Abwägung der Gründe die wahrscheinlichsten ausgewählt habe und über welche ich dem Leser eine weitläuftige kritische Erörterung sparen zu dürfen glaube, da eine solche doch in der Hauptsache nichts verändern würde. Denn was man auch über die einzelnen Züge im Leben Lamberts zweifeln möge — ob z. B. der Kirchenbrand vor oder nach dem Tode Lamberts stattgefunden habe, ob Lambert aus dem Gefängnisse entsprungen und nach Rom gegangen sei um den Bischof zu verklagen, oder ob der Bischof ihn nach Rom unter Bedeckung geschickt habe, um ihn richten zu lassen, ob *Lucius III.* oder *Urban III.* der Papst *) gewesen sei, bei dem Lambert gnädiges Gehör fand, ob endlich Lambert vor oder nach seiner Reise nach Rom den Bau seiner Kirche beendigt habe, ob er gelehrt oder ungelehrt gewesen sei, ob er wirklich gestammelt habe oder nicht — immer bleibt es ein wohlbeglaubigtes Factum, dafs die belgischen Beghinen in den achtziger Jahren des 12ten Jahrhunderts in Lüttich von Lambert le Begues oder le Beghe gestiftet sind.

---

*) So schrieben im Jahre 1628 der Suffragan-Bischof *Theodoricus de Grace* und der Pastor des lütticher Beghinhofes *Matthias Loncinus*. Siehe *Coens* p. 63.

*) *Lucius III.* war Papst vom 1. Sept. 1181 — 24. Nov. 1185, *Urban III.* vom 25. Nov. 1185 — 19. Oct. 1187.

Ich will die Gewährsmänner für die Glaubwürdigkeit dieser Nachricht der Reihe nach anführen:

1. Das älteste Zeugnifs ist das des Mönchs *Aegidius* von Aurea Vallis (im Französ. *Gilles d'Orval* genannt*)), der um das Jahr 1230 eine Kirchengeschichte von Lüttich schrieb, die zuerst in dem Werke: *Qui Gesta Pontificum Tungrensium Trajectinensium et Leodiensium scripserunt auctores praecipui, Jo. Chapeavilli Canonici Leod. studio typis excusi et adnott. illustr.* 3 Bände. 4°. Leodii 1613 herausgegeben wurde. *Chapeauville* sagt in der Lebensbeschreibung des *Aegidius* Folgendes:

Historiae Ecclesiasticae Leodiensi conscribendae et exornandae insignem navavit operam et primus Historiae Leodiensis authores diligenter legit et additionibus plerisque in locis auxit, eamque ob causam omnem Dioecesin Leodiensem illiusque veteres Bibliothecas, M. S. Codicibus instructas, S. Mariae, S. Lamberti, Malmundariensem, Stabulensem, Lobiensem, Gemblacensem, S. Huberti in Ardenna, S. Laurentii prope Leodium, S. Jacobi Leodiensem et alias ipse praesens excussit et ex eis, quae ad propositum suum faciebant, summa diligentia parique fide totidem verbis desumpsit.

Das 52ste Capitel des *Aegidius*, bei *Chapeauville Tom. II. p. 126—128*, ist überschrieben: „*De Lamberto venerabili praesbitero, eius contra concubinarios et Symoniacos praedicatione incarceratione et obitu*" und enthält folgende Stelle:

Itaque cum huiusmodi erroribus irretita iam teneretur Legia et eisdem contaminata esset, suscitavit Deus spiritum sancti cuiusdam Sacerdotis, qui Lam-

---

*) Siehe *Goethals l. c. p.* 20—24.

bertus le Begues, quia balbus erat, de S. Christophoro dicebatur, a cuius cognomine mulieres et puellae quae caste vivere proponunt, Beguines Gallice cognominantur, quia ipse primus exstitit, qui eis praemium castitatis verbis et exemplo praedicavit.

Zur Beurtheilung des *Aegidius* siehe auch des Jesuiten *Fullonius Histor. Leodiens. Leodii 1735. Fol. Tom. I. p. 282, 283.*

Ein zweites höchst authentisches Zeugniſs, weil es von dem Diöcesan-Bischof herrührt und worin mit deutlichen Worten gesagt wird, daſs die Beghinen in Lüttich ihren Anfang genommen haben, findet sich in einem Schreiben des lütticher Bischofs *Henricus Gueldrus* vom J. 1266, welches der Jesuit *B. Fisen* (*Sancta Legia seu Histor Eccl. Leod. 1642. fol. p. 409*) aus dem Archive der Kirche von Tongern zum Theil abgedruckt hat und welches an die Beghinen von Tongern gerichtet gewesen zu sein scheint: *Attendentes qualiter haec sancta religiosarum puellarum et matronarum, quae beguinae vocantur, plantatio iam dudum in civitate et dioecesi Leodiensi prima pullulavit et palmites suos longe lateque producens paene per totum orbem flores protulit: gaudemus in Domino dictas nostras civitatem et dioecesin propter hoc ubique locorum magnis laudibus praeconiorum attolli.*

Auch ist über die Geschichte Lamberts noch ein zweites Werk desselben *Fisen: Flores Eccl. Leod. sive Vitae Sanctorum etc. Insulis 1647. fol. p. 298* nachzusehen, welches auf der königl. Bibliothek fehlt, sich aber in der Stadtbibliothek von Brüssel findet.

3. Die dritte Stelle räumen wir dem lütticher Canonicus *G. Fanius* ein, als dem Verfasser einer alten im lütticher Beghinhof aufbewahrten Handschrift *de*

origine Beghinarum, welche *Coens* (*p. 3. 60*) benutzte und der wir Folgendes entnehmen:

Apud Legiam Eburonum Augustam, Frederico Barbarossa Rom. Imp. et Lucio III. Pont. Max., vir quidam, non obscuro loco natus, locuples, vitae integritate, doctrinae et prophetiae spiritu clarus floruit Lambertus . . . . . . Carcer ipse vulcaniis etiam oppressus flammis Lamberto captivo evadendi praebuit occasionem. Ingrata solutus compede, cum tutus esset nunquam et contumeliosis scommatibus palam impeteretur (praecipue quod rem novam, insolentem, multis parum plausibilem moliretur, quod, inquam, Beghinarum fuisset auspicatus domicilium, non sine contemptu et ludibrio Beghotum passim cognominabant) . . . . Romam adiit. Pontifici questus injuriam, quod jam pridem animo conceperat cuiusque specimen aliquod in patria jam dederat, Beghinarum sive Beghuttarum institutum Apostolicae Sedis authoritate obnixe confirmari postulat . . . . Voti factus compos Leodium rediit et in suo quod amplum erat et Avrotanae portae proximum praedio incepto Beghinagio manum supremam adjicere satagit et pro facultatum modulo dotare. Inde Beghinarum Patriarcham i. e. primum patrem et authorem se scribere orsus est. Haec igitur prima ac germana Beghinarum origo, hoc primarium a Lamberto positum alvearium; unde et frequentes evolarunt et industriae apes . . . . Exstrui curavit et vir Dei templum quod nunc parochiale est et nomini B. Mart. Christophori anno 1184 dicatum voluit, unde et vulgo S. Christophori Beghinagium indigitant.

4. Führe ich das Zeugnifs des Pastor des lütticher Beghinhofs *Matth. Loncinus* an, der dem *Coens* im

Jahre 1628 und kurz nachher dem Abt *Ryckel* *) Mittheilungen aus dem Archive des Beghinhofs machte. Bei *Ryckel* (*Vita S. Beggae etc.* p. 572 sq.) giebt *Loncinus* genau die Stelle des Gartens des Lambert an indem er sagt: *hortus protendebatur ad Mosam qui alluit pontem Avrotanum usque ad locum qui vulgo nuncupatur Platea fratris Michaelis, excurrebatque usque ad hortum quendam dictum de Louwe.*

5. Das *Magnum Chronicon Belgicum* (im J. 1474 vollendet *authore ordinis S. Augustini Canonicorum Regularium prope Nussam Religioso. Francof. ad Moen. 1654. fol. p. 193*) enthält folgende Stelle: *Vocabatur ille Lambertus Begghe, a cujus nomine adhuc Beghinae vocantur, qui primus invenit ordinem Beghinarum, et eis primum castitatis normam verbo et exemplo praedicavit.* — Auch ist *Placentius* hier zu erwähnen, der in seinem *Catalogus omnium Antistitum Tungar., Traject. et Leodiensium* (Antverp. 1529. kl. 4. ohne Paginirung) unter dem 33sten Bischof *Radulphus* sagt: *Lambertus Pontifici injuriam questus institutum beginarum, quarum se patriarcham scribebat, auctoritate et litteris confirmari meruit et regressus divi Christophori templum Leodii beginarum habitationem fecit.*

6. Endlich verdient hier die kleine Monographie des *Aub. Miraeus: Origo Beginarum virginum in Belgio,* 1602 erwähnt zu werden, als der Ausdruck dessen, was ein unpartheiischer Mann und grofser Geschichtsforscher zu Anfang des 17ten Jahrhunderts, ehe der Zank über das Alter und die Stiftung der Beghinen entstand, vom Ursprunge dieses Instituts dachte.

---

*) Siehe über diesen Schriftsteller das 2. und 3. Cap. und die Nachricht über die benutzten Bücher.

Dieses sind die hauptsächlichsten Zeugnisse über die Stiftung der Beghinen durch den Lütticher Lambert.

Ehe wir uns nun in die Geschichte des Streites, der im 17. Jahrhundert über den Ursprung der Beghinen geführt ist, einlassen, halte ich es nicht für überflüssig, nachdem ich die Stiftungsjahre einiger Beghinhöfe angeführt haben werde, dem deutschen Leser, der diese Anstalten nicht aus eigner Anschauung kennt, eine kurze Beschreibung der Lebensweise der Beghinen und der Verfassung der Beghinhöfe zu geben.

Nach dem Beispiele der lütticher Beghinen-Gemeinde bildeten sich in der ersten Hälfte des 13. Jahrhunderts Beghinhöfe bei den meisten Städten Belgiens und der Nachbarländer. Es ist zu bemerken, dafs ursprünglich alle Beghinhöfe aufserhalb der Städte angelegt sind, und dafs sie erst in späteren Jahrhunderten, wenn sie durch Kriege zuviel litten, in die Städte selbst aufgenommen wurden. Die älteste Stiftung, welche ich nach dem Lütticher habe auffinden können, ist die des Beghinhofs von Tirlemont (Thenae) im Jahre 1202 (siehe *Aub. Miraeus Opp. Diplomat. et Histor. edit. Foppens. Tom. IV. pag. 529*). Valenciennes erhielt 1212 einen Beghinhof, Douai 1219, Gent 1227, Antwerpen 1230, Löwen und Brügge 1234, Brüssel 1250, Mecheln 1257. In den gröfseren belgischen Städten, Brüssel ausgenommen, wo der Beghinhof im Jahre 1796 aufgehoben ist, giebt es noch jetzt einen oder mehrere Beghinhöfe.

Der Leser wird den Beghinen den richtigen Platz in seiner Vorstellung anweisen, wenn er sich dieselben in einem Mittelzustande zwischen dem weltlichen und klösterlichen Leben denkt. Um an Bekanntes anzuknüpfen, kann man sie mit Nonnen vergleichen, aber eigentlich nur um zu sagen, dafs sie in den Hauptpunkten von den Nonnen abweichen und sich in dieser

Beziehung mehr durch negative als durch positive Merkmale auszeichnen. Nonnen befolgen eine oft sehr strenge Ordensregel: bei den Beghinen kann höchstens von einer mäfsigen und nüchternen Lebensweise die Rede sein. Nonnen geloben Gehorsam und Keuschheit für ihr ganzes Leben: die Beghinen versprechen den Vorsteherinnen der Anstalt nur für die Zeit Gehorsam, welche sie in der Anstalt bleiben wollen, und haben das Recht, den Beghinhof zu verlassen um sich zu verheirathen. Nonnen entäufsern sich beim Eintritt ins Kloster ihres Eigenthums: die Beghinen behalten die freie Verfügung über ihre zeitlichen Güter. Nonnen tragen ihre unveränderliche Ordenstracht: die Beghinen hatten zu verschiedenen Zeiten und an verschiedenen Orten verschiedene Kleidung, indem ihnen ursprünglich nur vorgeschrieben ist, sich einfach und anspruchslos zu tragen u. s. w. In den Augen der Kirche ist das Leben der Beghinen stets für weniger verdienstlich als das klösterliche angesehen.

Der eigenthümliche Anblick eines Beghinhofes entspringt aus der Menge kleiner abgesonderter Häuser, welche, von einer gemeinsamen Ringmauer umgeben, den Hauptbestandtheil dessen, was man einen Beghinhof nennt, ausmachen. In den Häusern wohnen die Beghinen einzeln oder zu zwei, drei oder vier zusammen, führen aber jede ihre gesonderte Haushaltung. Ihre Wohnung und ihr Hausgeräth dürfen nur höchst einfach sein. Auf dem Hofe selbst befindet sich meistens eine Bäckerei und eine Brauerei, wo sie ihre dahinschlagenden Bedürfnisse kaufen können. Die Wohlhabenderen unter ihnen leben auf ihre oder ihrer Verwandten Kosten und bedenken in ihrem Testamente die Anstalt nach Gutdünken. Die Unbemittelteren, und deren ist die Mehrzahl, ernähren sich durch Handarbeiten: die genter

Beghinen sind z. B. als gute Näherinnen bekannt. Einige unterrichten auch junge Mädchen im Lesen und Schreiben und in weiblichen Arbeiten. Sie dürfen mit Erlaubnifs der Vorsteherinnen in die Stadt gehen. Die Armen und Gebrechlichen werden auf Kosten der Anstalt verpflegt ohne der Stadt zur Last fallen. In den Statuten des brüsseler Beghinhofs vom Jahre 1271 *) ist bestimmt, dafs wenn eine Beghine sich ein Häuschen aus ihren Mitteln baut, dies nach ihrem Tode Eigenthum der Gemeinde wird. Wittwen wurden nur aufgenommen, wenn sie sich ein Haus aus eigenen Mitteln bauten. Das gemeinsame Eigenthum der Beghinenschaft besteht also erstens in einer gewissen Anzahl Häuser, über die zu Gunsten unbemittelter Ankömmlinge verfügt werden kann; zweitens in einem Krankenhause und drittens in einer Kirche. Das Krankenhaus (*infirmaria*) wurde stets als das Hauptstück des gemeinsamen Eigenthums betrachtet. Unter der Rubrik *bona infirmariae* werden überhaupt alle gemeinsamen Einkünfte, die der Kirche ausgenommen, aufgeführt, und von diesen Einkünften des Hospitals werden auch alle gemeinsamen Ausgaben, namentlich die Armenpflege und alle Bau- und Reparaturkosten, die den ganzen Hof angehen, z. B. für Wege, Gräben, Brücken, Zäune u. s. w. bestritten. Endlich befindet sich in einem wohleingerichteten Beghinhofe eine Kirche oder Capelle, an der ein Pastor und ein oder mehrere Capläne angestellt sind. Es ist zu bemerken, dafs nicht alle Beghinhöfe, wie der Lütticher, von Anfang an eine Kirche und einen Pfarrer hatten. Die Beghinen besuchten die Parochialkirchen und erhielten anfangs von den Bischöfen nur die Erlaubnifs, im Hospitale für die Kranken eine Capelle einzurichten und

---

*) vollständig abgedruckt bei *Ryckel* p. 176 — 182.

einen Caplan anzustellen, der Messe lesen und die Sacramente verrichten durfte. Der Bischof *Guido* von Cambray erlaubte im Jahre 1239 den Beghinen von Valenciennes, dafs ihr Caplan für sämmtliche Beghinen Gottesdienst halten und die Sacramente ertheilen durfte, jedoch *salvo jure parochiali* *). In der zweiten Hälfte des 13. Jahrhunderts gestanden die Diöcesanbischöfe den meisten Beghinhöfen die Trennung von den Parochial-Kirchen und eigene Pfarrer zu, so dafs die Beghinhöfe auf diese Weise kleine abgesonderte Kirchspiele bilden.

Der Pfarrer (*curatus, presbyter, investitus, parochianus* und *rector* genannt) bildet mit den Vorsteherinnen (*magistrae principales*) den Magistrat, d. h. die verwaltende und polizeiliche Behörde der Anstalt. Die Zahl der *magistrae* ist verschieden, zwei, vier oder acht. Zuweilen gehörten zu diesem Rathe noch einige *Tutores* oder *Provisores*, so z. B. bestand der Rath des Brüsseler Beghinhofs aus dem Pfarrer, den vier Vorsteherinnen und den vier Provisoren. Beim Eintritt in die Anstalt mufste die Beghine dieser Behörde Gehorsam geloben, ungefähr nach folgender Formel: *„Promitto tibi Domino Parochiano et Magistrabus nunc existentibus et futuris obedientiam et castitatem tam diu ac in curia Beghina habitabo."* Die Neuaufzunehmenden mufsten ein Noviciat bestehen, dessen Dauer an verschiedenen Orten verschieden war.

Die Beghinen hatten nie, wie die Mönchsorden, eine vom heiligen Stuhle genehmigte Regel, sondern einfache Verordnungen, wie sie die verschiedenen Bischöfe in ihren Diöcesen zu machen und zu verändern für gut fanden und über deren Befolgung eben die erwähnte Behörde zu wachen hat.

---

*) *Coens* p. 33.

Die geschichtliche Entwicklung der Statuten des lütticher Beghinhofs läfst sich einigermaafsen verfolgen. Von den Verordnungen, die Lambert selbst den Beghinen ohne Zweifel gegeben hatte, ist nichts bekannt. Nach einer Erwähnung bei *Lumnius* *) hätte schon der Bischof *Radulphus* den Beghinen Privilegien ertheilt und sich in dem darüber ausgestellten Briefe Patriarch der Beghinen geschrieben. *Coens* vermuthet, dafs diese Urkunden, wenn sie vorhanden waren, bei der 6tägigen Plünderung und Verheerung von Lüttich im Jahre 1212 verloren gegangen sind. Die nächste Erwähnung von Statuten findet sich in dem oben angeführten Schreiben des Bischofs *Henricus Gueldrus* vom Jahre 1266, aus dem hervorgeht, dafs schon unter dem Bischof *Robert* 1240 — 1247 eine schriftliche Verordnung über die Lebensweise der Beghinen ausgearbeitet war: *Libellum quoque, quem de regula et vita beguinarum civitatis et dioecesis nostrae ac earum regimine felicis recordationis D. P. Urbanus IV.* **) *olim, quum esset archidiaconus, dicitur edidisse et compilasse, et cui piae memoriae D. Robertus Leodiensis, praedecessor noster, auctoritatem suam impendit, imo suum fecit et eum observari mandavit, legi saepius in quibuslibet congregationibus faciatis.*

Im Jahre 1283 befahl der Bischof *Johannes* vier Beghinen zu wählen, die alle Excesse gegen die Wohlanständigkeit der Anstalt dem Pfarrer anzeigen und mit

---

*) Siehe *Coens* p. 9, 95.

**) *Urban IV.*, Sohn eines Schuhmachers in Troies in der Champagne, hiefs mit seinem Familiennamen *Jacques Pantaléon* Er war Archidiaconus in Lüttich, Bischof von Verdun und Patriarch von Jerusalem und wurde zum Papst erwählt in Viterbi 29. August 1261. † 2. Oct. 1264.

dessen Zuratheziehung bestrafen sollten, selbst durch Ausstofsung aus der Gemeinde.

Aus den von demselben *Johannes* im Jahre 1287 herausgegebenen Synodal-Statuten *) geht hervor, dafs es Beghinen gab, die aufserhalb des Beghinhofs in der Stadt wohnten. Diese durften aber nicht die Tracht der Beghinen anlegen, genossen auch nicht, wenn sie Handel trieben nnd mehr als 10 Mark in ihrem Geschäfte hatten, die Freiheit von gewissen Abgaben, welche denjenigen Beghinen zukam, die im Hofe selbst wohnten.

Im Jahre 1315 ertheilte der Bischof *Adulphus* einem Rathe von 12 Beghinen mit dem Pfarrer die Vollmacht, beliebige Verfügungen über die Tracht und das Benehmen der Beghinen zu machen.

Im Jahre 1325 endlich gab derselbe Bischof ausführliche Statuten **), denen wir folgende Bemerkungen entnehmen: Jede Beghine soll ihrem Pfarrer in allen erlaubten und anständigen Dingen Gehorsam leisten und wenigstens dreimal im Jahre zur Beichte und Communion gehen. In jedem Beghinhofe soll eine Vorsteherin sein, welche den Beghinen die Erlaubnifs zum Ausgehen geben mufs. Keine Beghine soll sich ohne Aufsicht in der Stadt umhertreiben, noch unanständige Lieder singen. Nach dem Läuten der Abendglocke soll keine Beghine vor der Thüre an der Strafse sitzen und nicht anders ausgehen als im äufsersten Nothfalle. Personen männlichen Geschlechts über 10 Jahren sollen sich nicht in den Häusern der Beghinen aufhalten, auch sollen keine fremde Weiber unter ihnen wohnen. Wenn eine Beghine bestraft wird, so müssen Alle auf den Ruf einer

*) Gedruckt in *Edm. Martene Thesaur. nov. Anecdot. Paris* 1717. *fol. Tom. IV. col.* 879.

**) *Coens p.* 10 — 14.

besonderen Glocke dabei erscheinen. Keine Bestrafte darf sich gegen ihre Verwandten über diejenigen beklagen, welche bei ihrer Bestrafung mitgewirkt haben.

Diese Statuten des Bischof *Adulphus*, denen derselbe im Jahre 1330 noch andere hinzufügte, galten bis zur Zerstörung Lüttichs durch Karl den Kühnen im Jahre 1467.

Im Jahre 1482 unter dem Bischof *Johannes de Hornes* machte der Pfarrer mit den Vorsteherinnen neue Statuten. Damals durften die Beghinen noch Kleider von weifser, grauer oder brauner Farbe tragen. Auch über die Kopfbedeckung war nichts Bestimmtes vorgeschrieben. Sie sollten nur *affuleurs et loyeurs convenables* tragen, ohne grofse *couvrechiefs* unter dem *affuleur*.

Hundert Jahre später gab der zweite Erzbischof von Mecheln *Joh. Hauchinus* 1583 — 1589 mehrere neue Vorschriften für die Beghinen seiner Diöcese, denen er unter andern die schwarze Farbe der Kleidung vorschrieb. Die Lütticher trugen jedoch noch später grau, an andern Orten nahm man blau, und in Namur, Nivelles und Huy hatten sie ganz gewöhnliche weltliche Kleider.*)

Hauchinus verbot den Beghinen musikalische Instrumente zu spielen und zu singen. Bei 3 Gulden Strafe dürfen sie keine junge Hunde halten und bei zwei Gulden Strafe keine Arbeiten machen, die für Hochzeiten und Festlichkeiten bestimmt sind. Wenn eine Beghine der Unkeuschheit überführt wird, so verliert sie ihr bestes Bett und wird als ehrlos vom Hofe gejagt. Wenn eine Beghine in den Ehestand treten will, so soll sie bei Zeiten ihr Hausgeräth zusammenpacken und abziehen, sonst mufs sie 12 Gulden Strafe bezahlen.**)

---

*) *Coens* p. 18.

**) *Ryckel* p. 532 *sq.*

In folgenden Werken habe ich Abbildungen von Beghinentrachten gefunden:

Histoire des ordres monastiques, réligieux et militaires et des congrégations séculières de l'un et l'autre sexe par le P. Helyot, continuée par le P. Max. Bullot. Paris 1718—1721. 8 vol. 4°. Der 8te Band dieses Werkes enthält eine antwerpener und eine amsterdamer Beghine. — *Lettre de Mr. l'Abbé S*** à Mlle. de G*** Béguine d'Anvers. Paris. 1731. kl. 8.* giebt die Tracht der antwerpener Beghine, die zum Ausgehen angekleidet ist, nach Helyot, und aufserdem eine antwerpener Beghine, die zur Kirche geht. — *Collection de costumes de tous les ordres monastiques supprimés à différentes époques dans la ci-devant Belgique. Brux. chez Ph. J. Maillart et Soeur, Graveurs, rue d'Epéroniers No. 480. kl. 4.* ohne Jahreszahl (scheint zu Anfang dieses Jahrhunderts erschienen zu sein) enthält eine brüsseler und eine löwener Beghine. Den dort abgebildeten grofsen runden Deckel tragen die löwener Beghinen nicht mehr auf dem Kopfe. — *Habits sacerdotaus et réligieux Brux. à l'établissement encyclographique Quai au foin No. 33. 2 vol. 4.* ohne Jahreszahl (scheint erst vor einigen Jahren erschienen zu sein) enthält colorirte Abbildungen nach den vorgenannten Werken copirt.

Da die Tracht der Beghinen von Zeit zu Zeit kleine Veränderungen erleidet und die angeführten Abbildungen auch nicht Jedermann zugänglich sind, so habe ich, um meinen Lesern eine Anschauung zu geben, in Gent, dem Hauptsitz des Beghinenwesens, neue Zeichnungen nach der Natur machen lassen *). Herrn *Félix De Vigne,* der sich viel mit dem Studium des Costüms beschäftigt

---

*) Siehe Tafel I.

hat, gelang es auf meine Bitte, eine Beghine vom dortigen kleinen Beghinhofe zum Sitzen zu bewegen. Die unbedeutenden Punkte, in denen die Tracht des kleinen von der des grofsen genter Beghinhofes abweicht, werde ich in der folgenden Beschreibung anmerken.

Die Kopfbedeckung: Den behaarten Theil des Kopfes bedecken die Beghinen zunächst mit einer ganz einfachen leinenen Haube ohne Besatz, welche mit zwei Bändern unter dem Kinne befestigt wird. Die genter Beghinen bedecken den vordern Rand der Haube aufserdem mit einer ungefähr vier Finger breiten leinenen Binde, deren mittlerer Theil auf dem Vorderkopfe aufliegt und deren Enden beiderseits zwischen Auge und Ohr herabsteigen, um unter dem Kinne mit einer Stecknadel zusammengeheftet zu werden. Die löwener Beghinen tragen die Haube allein ohne die Binde. Binde und Haube verden von dem sogleich zu beschreibenden Tuche gröfstentheils verdeckt und sind daher in der Abbildung, Figur 1, nicht sichtbar. Diese Haube, welche sich von einer ganz gemeinen Frauen- oder Kinder-Nachtmütze nicht unterscheidet, ist es, welche im Französischen *béguin*, *béghin*, *béguinet* und im Flämischen *begyne* genannt wird.

Ueber der Haube wird das in Fig. 1 u. 2 dargestellte Tuch (fläm. *doek*, franz. *linceuil*) angelegt. Es ist ebenfalls von Leinen, 1 Elle breit und 7/4 Elle lang. Fig. 1 zeigt, wie das eine Ende dieses Tuches unter dem Kinne hergezogen und auf der rechten Schläfe mittelst einer Stecknadel befestigt ist. Das Tuch wird so um Kopf und Hals gewunden, dafs es des Abends, ohne sich zu entfalten, abgenommen werden kann, und so eine Woche lang getragen. Der vordere Rand des Tuches liegt nicht der Stirne eng an, sondern steht rechts und links bauschig ab, wie in Figur 1 und 2 zu sehen ist. Die Beghinen vom grofsen genter Beghinhofe, welche das Tuch eng um die Stirne tragen, nennen deshalb die vom kleinen Hofe zum Spott *oorendragers*, d. h. Horntragende. Diese Kopfbedeckung war die der Frauen im 13ten Jahrhundert und ist auch jetzt kein der Beghinentracht eigenthümliches Element, sondern wird noch ebenso oder mit ganz unerheblichen Abweichungen von Nonnen verschiedener Orden und von frommen Genossenschaften wie den *Soeurs noires*, *Soeurs hospitalières etc.* getragen.

Die Körperbedeckung ist für gewöhnlich eine Jacke oder Leibchen (*corps de jupe*) mit langen Aermeln und ein Rock (*jupon*), beides schwarz. Figur 2, die zum Ausgehen angezogen ist, trägt über ihrem Rock noch eine Schürze und hat die *faille* über den Kopf gehängt. Die *faille* ist ein ungefähr 2 Ellen breites und 4 bis 6 Ellen langes viereckiges Tuch von Seide oder Wolle, fast immer schwarz, selten auch von weifsem Leinen, das die Frauen der mittleren Volksklasse auf der Strafse über den Kopf hängen. Sie ist spanischen Ursprungs und ihr Gebrauch noch jetzt in Belgien sehr gemein. In der Kirche und an Sonn- und Festtagen tragen die genter Beghinen ein dunkelblaues Kleid aus einem Stücke (*robe*), das so lang ist, dafs es den Boden berührt, doch ohne zu schleppen. Die Beghinen vom grofsen Hofe haben schwarze Aufschläge an diesem Kleide. Beim Eintritt in die Kirche hängen sie ein viereckiges Stück Leinwand von 3 Ellen Länge und 7/4 Elle Breite, *vouwte* (fläm., sprich *wuchte*) über den Kopf, siehe Fig. 3. Die Falte, welche vom Scheitel auf den Rücken herabsteigt, ist nicht künstlich gemacht, sondern fällt von selbst. Beim Abendgottesdienste (*salut*) im grofsen Beghinhofe zu Gent, den man als eine Sehenswürdigkeit zu besuchen pflegt, geniefst der Fremde, der sich gewöhnlich am Eingange der Kirche hält, den seltsamen Anblick von ungefähr 600 solcher Gestalten, die sämmtlich knieen und ihm den Rücken zukehren. Die Beghinen vom kleinen Hofe tragen beim Gange nach der Kirche die *vouwte* unter dem Arme, die vom grofsen tragen sie zusammengelegt auf dem Kopfe (die löwener Beghinen haben den Ausdruck *vouwte* nicht, sondern nennen diesen Schleier eine weifse *faille*). An den hohen Festen wird die *vouwte* durch ein schwarzes Tuch ersetzt, *caproen* genannt, das sich von der *faille* nur dadurch unterscheidet, dafs es kürzer ist. Dieser *caproen* ist auch ihre Trauerkleidung.

Die beschriebenen Kleidungsstücke machen die Tracht der eigentlichen Beghinen aus, dasjenige was sie *habyt* (*habit*) nennen. Die Novizen haben kein dunkelblaues Feierkleid und keine weifse *vouwte*. Sie tragen beständig eine Jacke und Rock, welche beide, sowie ihre *vouwte*, schwarz sind.

Im grofsen Beghinhofe zu Gent giebt es aufser den eigentlichen Beghinen und Novizen noch Damen von Stande (*groot-juffer*), welche mit den Beghinen weiter nichts gemein haben, als dafs sie dort wohnen, übrigens aber gar nicht gebunden sind. Sie sind wahrscheinlich gleichbedeutend mit den von *Lady Morgan* erwähnten *dames chambrées*.

Nach den vorstehenden Daten über die Verfassung der Beghinhöfe und die Lebensweise ihrer Bewohnerinnen können wir ungefähr folgende Definition dieser Personen aufstellen: „Beghinen sind Personen weiblichen Geschlechtes, und zwar Jungfrauen oder Wittwen, welche sich vereinigen, um von der bürgerlichen Gesellschaft abgesondert unter einem Pfarrer und selbstgewählten Vorsteherinnen zu wohnen, und fromm, arbeitsam und keusch — doch nur auf beliebige unbestimmte Zeit

— zu leben." Die Freiheit, welche die Beghinen haben, zu jeder Zeit in die bürgerliche Gesellschaft zurückzutreten und darin ohne alle nachhaltige Verpflichtung weiter zu leben, ist das Eigenthümliche dieses Instituts. Ueber die Häufigkeit des Rücktritts fehlt es mir an statistischen Angaben. Der Bischof von *Bois-le-Duc* (*Episcopus Sylvaeducensis* bei *Ryckel pag. 732*) sagte über den Punkt des Heirathens in einem Gutachten vom Jahre 1630: *In hisce partibus ob moderatam climatis temperaturam raro ignem noxium Belgicae virgines sentiunt et nescire virum suave putant, Christum sponsum habentes.*"

Aus dem Gesichtspunkte der Freiheit, welche dies Institut den Frauen läſst, ist dasselbe in Beziehung auf den belgischen Volkscharakter psychologisch treffend beurtheilt in einem Gutachten des Bischofs *Malderus* *) von Antwerpen vom Jahre 1630, worin sich derselbe ungefähr so ausspricht:

Das Beghinen-Institut ist freilich kein geistlicher Orden, aber doch eine fromme Genossenschaft, und in Beziehung auf jenen vollkommneren Stand als eine Vorschule zu betrachten, in welcher das zur Andacht geneigte weibliche Geschlecht in Belgien auf eine der Sinnesart und dem Charakter des Volkes sehr angemessene Weise lebt. Denn dies Volk ist eifersüchtig auf seine Freiheit und will sich lieber leiten als zwingen lassen. Obgleich es ohne Frage verdienstlicher ist, sich durch die feierlichen Gelübde der Keuschheit, des Gehorsams und der Armuth dem Himmel zu weihen, und es auch sehr viele fromme Frauen in Belgien giebt, die diese Gelübde der That nach zu halten geneigt sind, so scheuen doch die meisten das unwiderrufliche Ver-

*) *Ryckel p.* 731.

sprechen. Sie wollen lieber unverbrüchlich keusch sein als unverbrüchliche Keuschheit geloben; sie wollen gern gehorchen, aber ohne sich zum Gehorsam förmlich zu verbinden; lieber in mäfsigem Genufs ihres Vermögens der Armuth sich befleifsigen als ihr Eigenthum auf einmal gänzlich aufgeben, wodurch sie sich auch die Möglichkeit nehmen würden, den Armen, die es verdienen, nach Kräften wohlzuthun. Sie wollen sich lieber in freier Knechtschaft stets von Neuem unterwerfen, als sich ein für allemal gefangen geben, um so durch die täglich wiederholte freiwillige Entsagung das mangelnde Verdienst der ewigen Einschliefsung einigermafsen zu ersetzen."

Das Beghinenwesen stammt aus einer Zeit, in welcher man, nach dem damaligen Verständnifs der aus dem Morgenlande eingeführten christlichen Religion, auch den naturgemafsen sinnlichen Genussen entsagen zu müssen glaubte, und sich in der zuversichtlichen Erwartung der himmlischen Freuden auch leichter über die irdischen Freuden hinwegsetzen konnte. Selbstvervollkommnung durch Entsagung schien dem christlichen Mittelalter ein verdienstliches Werk. Die neuere Zeit ist einen Schritt weiter gegangen. Sie mifsbilligt das ehelose Leben nicht allein als naturwidrig, sondern sieht uberhaupt in dieser Art Streben nach Vollkommenheit mehr ein egoistisches Zuruckziehen in sich selbst und fordert vor Allem Thätigkeit im Leben und in der burgerlichen Gesellschaft von den Mitgliedern derselben.

Man würde daher sehr irren, wollte man glauben, die Beghinhöfe wären jetzt in ihrer Bluthe. Viele sind eingegangen und alle sind weniger zahlreich bewohnt als früher. So wohnen z. B. in Löwen im grofsen Beghinhofe, der in seiner besten Zeit 400 Frauen zahlte, nur noch 60. In dem kleinen Hofe daselbst leben sieben

Beghinen. Die Blüthe dieser Anstalten fiel in das 13te und 14te Jahrhundert. Schon in der Mitte des 15ten geriethen sie in Verfall, und sie tragen jetzt dazu bei, den merkwürdigen Contrast zu vermehren, den der Deutsche in Belgien überall findet, wo einerseits die neuesten Fortschritte des 19ten Jahrhunderts: Eisenbahnen, Preſsfreiheit und ein mit fast republicanischen Einrichtungen umgebener Thron, andrerseits mittelalterliche Institutionen mit ihren alternden aber eifrig conservirten und restaurirten Zügen scheinbar friedlich neben einander stehen.

Ob indeſs die Anstalten, von denen wir handeln, nicht auch noch jetzt für den Zustand der Gesellschaft in Flandern recht passend sind, darüber könnte man nur entscheiden, wenn man in den eigentlich flämischen Städten wie Gent und Brügge längere Zeit gelebt hätte. Nur bitte ich den geneigten deutschen Leser, sich das Leben in den Beghinhöfen nicht zu idyllisch und heilig zu denken. Man lese in dieser Beziehung die im V. und VI. Capitel mitgetheilten Einzelnheiten über die Geschichte des vilvorder Beghinhofes, und man wird von diesem Vorurtheil zurückkommen.

II. Capitel.

Erörterung der Frage, ob die heil. Begga, Fürstin*) von Brabant, gegen das Ende des 7. Jahrhunderts die Beghinen gestiftet habe? Widerlegung der bis zum Jahre 1630 dafür vorgebrachten Gründe.

Ueber die Entstehung der Beghinen herrschte noch zu Anfang des 17. Jahrhunderts groſse Dunkelheit. Niemand hatte sich mit der Untersuchung ihres Ursprungs angelegentlich beschäftigt. Es mochte vielleicht Manchen eingefallen sein, der Namensähnlichkeit wegen, die heilige Begga, Fürstin von Brabant, die gegen das Ende des 7ten Jahrhunderts starb, könnte wohl die Stifterin der Beghinen sein. Diese Volksmeinung fand ihren Weg in die *Chronica Brabantiae* (das älteste ist 1427 erschienen), in denen es heiſst „*Ab hac Begga dicitur, quod Beghinae nomen suum primo acceperunt.*" In derselben Chronik wird auch erzählt, S. Begga sei in Cöln begraben, während sie doch in dem von ihr gestifteten Kloster zu Andennes (Andana) an der Maas ruht. Diese Chronik ist überhaupt voll von Mährchen. *Molanus* hatte einst jene Meinung ausgesprochen, sie nachher aber zurückgenommen. Er sagte**) in dem *Martyrologium Usuardi Lovanii 1568: Eodem die (17. Decembr.) apud septem Ecclesias inter Namurcum et Huyum transitus****)

---

*) Die heil. Begga wird gewöhnlich von den Schriftstellern „Herzogin" von Brabant genannt. Dieser Titel stammt aber aus dem 9. Jahrhundert.

**) s. *Coens p.* 49. 50.

***) der Uebergang in das Leben jenseits, der Tod.

B. Beggae, Viduae relictae Ansigisi Ducis, ac sororis S. Gertrudis, quae in statu viduali se et sua Deo mancipans, Monasterium Andenniense fundavit ac Beginas, quae ab ipsa nomen trahunt, primo instituit. In den späteren Ausgaben liefs er aber die Erwähnung der Beghinen fort und im Jahre 1573 sagte er sogar im *Indiculo SS. Belgii. Lovanii: Sunt qui scribant ab hac Begga Beghinas nomen suum habere, sed id parum aut potius nihil habet probabilitatis. Coens* hatte die Stiftung der Beghinen durch S. Begga in der Familie des *N. Cools,* der 1562 — 1599 Pfarrer des brüsseler Beghinhofs war*) manchmal als ein Ammenmährchen (*anilem fabellam*) erwähnen gehört. In demselben Sinne spricht sich *Fanius* **) aus: „*Non defuere tamen, qui ob paronomasiam et vocis similitudinem nescio quam, Beghinas a S. Begga, Pipini cognomine Landensis primi Brabantiae ducis filia, et D. Gertrudis apud Nivellas Brabantorum oppido virginitate Christo consecrata nobilis sorore, nomen habere putaverint: sed cum nullo solidae rationis nitantur fundamento aut idonei Scriptoris autoritate, sed inanibus ducantur conjecturis, merito illorum opinio ut ridicula et absurda rejicienda est et jam dudum a viris cordatis repudiatam constat.* Dafs ein Institut während der ersten 500 Jahre seines Bestehens verborgen geblieben sein sollte, war doch auch wirklich schwer zu glauben. *Lumnius* ***) sagte daher Anno 1602: *Aliqui docti viri et magnae authoritatis existimarunt, et etiam olim in libris suis scripserunt, nomen Beghinae provenisse a S. Vidua Begga, et quod ipsa fuisset prima*

*) *Coens* p. 3.
**) Ebend. p. 57.
***) Ebend. p. 5. 6.

fundatrix Beghinagiorum; quod certe tempus, in quo S. Begga vixit et defuncta est, prohibet nos credere: ipsa enim non vixit usque ad annum Dom. 700, qui jam 900 annis praeteriit; et eam aetatem 900 annorum nulla Beghinagia quae nunc sunt ab initiis suis computare vel habere possunt, quandoquidem ne unum ultra 430 annis aut circiter extiterit.

Man sieht, dafs unter diesen Umständen Dreistigkeit dazu gehörte, die heil. Begga zur Stifterin der Beghinen und Beghinhöfe zu machen; aber sei es, dafs man vornehme Damen durch einen erlauchten Ursprung des Beghinen-Instituts zu bewegen hoffte, in gröfserer Anzahl in dasselbe einzutreten, sei es, dafs man der Infantin *Isabella Clara Eugenia* damit eine Artigkeit erzeigen wollte, kurz es ist Thatsache, dafs im ersten Viertel des 17. Jahrhunderts die Meinung, die heil. Begga habe die Beghinen gestiftet, in lebhafteren Umlauf gebracht wurde und dafs man damit umging, diese heilige sogenannte Herzogin von Brabant förmlich als Stifterin einzusetzen. Der Abt *Ryckel* in Löwen, einer der Hauptbeförderer dieser Neuerung, erzählt einige Jahre später in seiner *Vita S. Beggae Lovan. 1631. p. 439 — 441* ziemlich naiv einige darauf bezügliche Umstände. Er beurtheilt zuerst die Frage, die man damals aufgeworfen hatte, ob nicht die ausdrückliche Zustimmung des Papstes zur Einsetzung der heil. Begga als *Fundatrix Begginarum* (das Wort wird von *Ryckel* immer mit *gg* geschrieben, um die Ableitung aufrecht zu halten) erforderlich sei? und meint, der Papst habe sich freilich die Heiligsprechungen und die Sanction von Ordensstiftungen vorbehalten: da es sich jedoch hier nur um Annahme einer alten Heiligen zur Stifterin eines Instituts, das kein Orden sei, handle, auch kein Verbot des Papstes für diesen Fall vorzuliegen scheine, so könne man füglich die besondere

Genehmigung des Papstes entbehren; auch mit dem Bischof sei es dasselbe: indeſs da diesem die Begginen zunächst untergeben wären, von demselben auch gewiſs keine abschlägige Antwort zu befürchten stände, so wäre es doch wohl rathsamer, ihn um seine Genehmigung anzugehen. Man wandte sich daher an den Erzbischof von Mecheln *) und da dieser der Sache nicht abgeneigt war, auch an den päpstlichen Nuntius *Johannes Franciscus a Balneo, Archiepiscopus Patraccnsis.* — Der Erzähler bemerkt bei dieser Gelegenheit, daſs der Nuntius kürzlich zum Cardinal ernannt sei und daſs er die Ehre gehabt habe, ihm dazu Glück zu wünschen *„cujus nuper purpuram veneratus et singularem humanitatem fui expertus."* — Beide Herren erklärten denn, nach Erwägung der vorhandenen Beweisgründe, die Sache nicht allein für zulässig, sondern für allgemein beförderungswürdig. Der genannte Erzbischof ertheilte also den *Begginagiis* seiner Diöcese volle Freiheit, die heilige Begga als Stifterin zu verehren und weihete persönlich am 20. December 1626 (der 17. ist der Todestag der Heiligen) die Feier der heiligen Begga in der Kirche des Begginagiums in Brüssel in Gegenwart der Infantin *Isabella Clara Eugenia* (der die *Vita S. Beggae* dedicirt ist), des päpstlichen Nuntius, des Cardinals *Alphonso de la Cueva* und vieler geistlichen und weltlichen Herren und im Beisein der ganzen Beghinengesellschaft durch ein Hochamt ein. Der Nuntius aber bewilligte den

*) Dies war der vierte Erzbischof von Mecheln, *Jacobus Boonen.* Das Erzbisthum Mecheln wurde im Jahre 1559 vom Papste *Pius IV.* für den Cardinal *Granvella* gestiftet:

I. *Granvella* 1559 — 1583.
II. *Joh. Hauchinus* 1583 — 1589.
III. *Matth. Hovius* 1589 — 1620.
IV. *Jacob Boonen* 1621 — 1655.

Kirchen aller der Beghinhöfe, welche die heilige Fürstin von Brabant zur Patronin und Gründerin ihres Instituts annehmen würden, Indulgentien. Auf diesen Antrieb verbreitete sich diese Verehrung durch Brabant und Flandern und veranlafste auch bei den Beghinen zu Antwerpen den Wunsch, das Beispiel der brüsseler nachzuahmen.

Es widersetzten sich jedoch auch — wie *Mosheim p. 77* erzählt — viele bedeutende Beghinhöfe dieser Neuerung, indem sie behaupteten, nur dem heiligen Stuhle stehe es zu, Jemandem öffentliche kirchliche Verehrung zuzuerkennen. Der Eifer für die heilige Begga liefs daher bedeutend nach, ja die Verehrung derselben wurde ganz wieder unterlassen.

Ryckel berichtet dies selbst. Als er sich darüber beim Erzbischof beklagte, gab derselbe zur Antwort *„se fortissime credere id quod primo sensit de Begga"* (was *Ryckel* auch nehmen konnte wie er wollte) und als derselbe weiter in ihn drang, er möchte die Verehrung wieder einführen, sagte er: er wolle Niemand zwingen. Soweit *Ryckel.*

Unter denjenigen, die mit den Umtrieben zu Gunsten der heiligen Begga unzufrieden waren, befand sich der antwerpener Canonicus *Petrus Coens.* Derselbe widerlegte die Behauptungen der Begga-Anhänger auf eine sehr bündige Weise in einer kleinen Abhandlung: *Disputatio historica et brevis disquisitio, an Beghinae nomen institutum et originem habeant a S. Begga Brabantiae Ducissa"*, die er zu Anfang des Jahres 1628 als Manuscript für Freunde drucken liefs. Sofort erschienen, noch in demselben Jahre, im Buchhandel zwei Gegenschriften, eine lateinische von *Zegerus ab Hontsum: Declaratio veridica quod Begginae nomen etc. habeant a S. Begga etc.* und eine flämische vom Pater *Elias a*

S. Theresa „het Gheestlyck Palays der beggyn-hoven." Die mannigfachen Entstellungen und Spitzfindigkeiten, die in diesen beiden Schriften vorgebracht waren, veranlafsten *Coens* den Gegenstand noch gründlicher und ausführlicher zu behandeln in dem 1629 erschienenen Buche *) ***Disquisitio historica de origine Beghinarum et Beghinagiorum Belgii cum adjunctis notis quibus Declaratio veridica etc. illustratur Leodii. kl. 8. 239 Seiten***, in dem er sich zugleich die Mühe giebt, seinen Gegnern in allen ihren Winkelzügen zu folgen, und sie vollständig zu Paaren treibt.

Es genügt kurz anzuführen, was die heilige Begga gethan hat, um den Leser zu überzeugen, dafs weder sie noch ihre Schwester, die heilige Gertrude, die Beghinen gestiftet haben. Wir werden dann mit *Coens* Hülfe die Unrichtigkeit einer Angabe des berühmten Alterthumsforscher *Gramaye* nachweisen und die dadurch entstandene Verwirrung aufheben.

Pipin **) von Landen, erster Fürst von Brabant, hatte mit Iduberga oder Itta zwei Töchter: Gertrude und Begga. Iduberga stiftete Anno 650 auf Antrieb des heiligen Amandus ein Kloster (*monasterium*) zu Nivelles und setzte ihre Tochter Gertrude, eine gottselige Jungfrau, demselben als Aebtissin vor; auch nahm sie selbst (Iduberga) den Schleier. 36 Jahre später, nach dem Tode der Gertrude, stiftete ihre Schwester Begga, deren Gemahl Ansigisus ein Jahr vorher (685) ermordet worden war, ebenfalls ein Kloster zu Andana (Andennes), auf dem rechten Maasufer zwischen Namur und Huy *„In loco Andanensi coenobium simile Nivellensi fun-*

---

*) Auf diese zweite Schrift von *Coens* beziehen sich die vielen in dieser Abhandlung vorkommenden Citate.

**) *Coens p.* 49 — 58.

davit, in quo virgines sub religione congregavit, quas secundum Canonum praecepta claustris regularibus munivit. Ex Monasterio autem S. Gertrudis expetivit personas probatas quas claustro et vitae puellarum praefecit." So heiſst es in einer handschriftlichen *Vita S. Beggae*, die sich Anno 1629 zu Andennes befand. Ferner sagt der Verfasser der *Vita S. Gertrudis*, der selbst in Nivelles und kurz nach dem Tode der heiligen Begga auch in Andennes persönlich zugegen war „*Begga quoque venerabilis Matrona . . . . Monasterium construxit petiitque ab Agnete, quam diximus Abbatissam, et ejus sororibus sacras virgines et Reliquias, ut coeptum opus posset absolvere, dataeque sunt ei Reliquiae et libri sanctarum Scripturarum et ejusdem habitus aliquot Religiosae sorores, quae illic monasticae religionis prima jacerent fundamenta.*" In einer andern *Vita S. Gertrudis* heiſst es: „*(monaster. construxit S. Begga) ubi religiosam vitam duceret aliasque virgines in servitutem divinam perpetua stabilitate ordinaret* *)." Die niveller sowie die andaner Damen waren zur ewigen Keuschheit verpflichtet, hatten ein gemeinsames Refectorium, Schlafsaal u. s. w. — Im Jahre 1153 wurde Andana zerstört und *Aegidius*, der doch wohl wissen muſste, ob die andaner Damen mit Beghinen gleichbedeutend waren, erzählt dies mit folgenden Worten: „*Andana miserabiliter exusta est, Praebenda destructa, sanctaeque moniales satis inhoneste expoliatae.*" Die Andanerinnen hielten auch noch später an ihre strengere Regel und erklärten selbst Anno 1628, daſs sie bis zu den Zeiten des Grafen *Albo* von Namur „*Sanctimoniales*" genannt worden wären. Sie waren wirkliche Nonnen im engeren Sinne oder doch

---

*) S. Begga † 695 in Andana als Nonne (*velata*).

wenigstens *Canonicae regulares* bis zu Anfange des 13. Jahrhunderts. Anno 1207 wurden sie durch den Grafen *Philipp* von Namur zu *Canonicae seculares* (weltlichen Stiftsdamen) gemacht und *nobilitate constrictae* oder, wie es an einem andern Orte heifst: *Praebendae earum „nobilibus fuerunt affectae"*. Aber auch die weltlichen *Canonicae* sind in ihrem Stande, ihrer Lebensregel und ihrer Kleidung so sehr von den Beghinen verschieden, dafs, wie *Coens* sagt, wer behaupten kann, Canonissen und Beghinen seien gleichbedeutend, nie weder die einen noch die andern gesehen haben mufs *). — Neben den Frauen waren von Anfang an in Andennes 10 (in Nivelles 30) *Canonici*, und die Zahl der *Canonicae* war in Ardennes 30. — Die niveller Damen scheinen schon früher secularisirt worden zu sein als die andaner. Ueber beide kann man nachsehen die *Vita S. Gertrudis* und *Vita S. Beggae* in *Acta Sanctorum Belgii selecta Tom. IV. u. V.*

In Andana hatte also die heilige Begga keinen Beghinhof gestiftet und man weifs übrigens durchaus nicht, dafs sie noch aufserdem irgend etwas gestiftet hätte.

Ganz Verschiedenes nun von dem Vorstehenden hatte *Gramaye* berichtet und dadurch den Vertheidigern der Begga eine Zeitlang Vorschub geleistet und die Unpartheischen irre geleitet. Ich will zuerst die beiden hierauf bezüglichen Stellen ganz mittheilen:

Gramaye Prof. Lovan: Gallo-Brabantia ad Limitem Eburonicum Brux. 1606. kl. 4. pag. 9. und in

*) Das elegante und von der Beghinentracht gänzlich abweichende Costüm sowohl der niveller als der andaner Stiftsdamen findet sich abgebildet in dem oben citirten Werke: *Collection de costumes de tous les ordres monastiques supprimés etc.* Aus demselben geht auch hervor, dafs beide Stiftungen bis zum Jahre 1797 bestanden, wo sie durch die Franzosen aufgehoben wurden. Ob sie nachher wiederhergestellt sind, weifs ich nicht.

einer andern Ausgabe: *Gallo-Brabantiae antiquitates fol.* ohne Jahreszahl und Druckort. *p. 5* (unter diesen beiden Titeln geht das Buch, das gewöhnlich als „*Nivella*" citirt wird) sagt: *Quoad Religiosarum qualitatem hoc disco ex diplomatibus, utriusque sexus ab antiquo fuisse Collegium, dictos Fratres et Sorores Nivelli Coenobii, et alibi Beginas solas de Nivella tanquam prius ac potius Capituli membrum nominari* (zu den gesperrten Worten ist am Rande bemerkt: *In Bulla Urbani Papae data Idibus ubi eas in suam recipit protectionem*). *Nec mirum videri debet, cum Beginae nomen olim augustum et Nobilibus, medium illud vitae genus inter Coenobiticum et secularem professis, proprium fuisse docere possim. Quod interjecto tempore velut obliteratum, Leodii a quodam, cui le Begge cognomen fuit, resumptum fuit, instituto ad hoc non Collegio, ut olim vocabatur, sed Curia Beginarum. Addam hoc, etiamsi D. Gertrudis votum castitatis emisisse legatur, non videri tamen id universale omnibus Canonicabus (utar hoc ad distinctionem vocabulo) fuisse; cum in vetustis diplomatibus appellentur semper Abbatissa secularis Collegii Nivellensis et princeps Imperii. Certus interim, et Abatissam cum suo Collegio et bona et vitam et habitationem communem habuisse. Cujus rei vestigia in litteris et memoria supersunt, nomina et loca dormitorii, coenaculi, claustri, ambitus etc. et regula ex diversis collecta quam eas habuisse testatur Molanus.* Ferner:

Gramaye Antverpiae Antiquitates. Brux. 1610. kl. 4. Lib. II. Cap. VIII. p. 64 sagt:

Beginarum nomen, etiam in Pandectis nostris notum, etsi quidam inditum velint a lineo capitis velamine, Beccam, id est recurvum quid et prominens ostentante, genus earum idem asserentes cum illis in synodo ob haereses damnatis; aliique originem earum a Lamberto le Begge ante annos 400 Leodii Ecclesiasticorum mores reformante petant; tamen ego, ut prius concedam, addam amplius, ex diplomatibus me scire et diversis Pontificum rescriptis, alias esse nostras Belgicas a Germanicis illis damnatis et amplius, nomen earum Nivellis et Andanae etiam duobus seculis ante Lambertum le Begge in usu et ore fuisse, a D. Begga Canonicarum secularium nobilium fundatrice inditum, ut volunt nostri annales. Libens interim fateor Beginas quae tam frequentes nostram incolunt Brabantiam ab exemplo Leodicensium profectas cum non legerim• ullam earum fundationem ante annum 102 (dieser Druckfehler findet sich in allen Ausgaben). *Videatur scriptum Auberti Miraei de harum instituto nuper editum.*

Anno 1602, bemerken wir hier, wufste *Miraeus* in seiner *Origo Beginarum Virginum* durchaus von keinem andern Ursprunge der Beghinen als von *Lambertus Begius.*

Anno 1606 aber schrieb *Gramaye* in Bezug auf die Männer und Frauen in dem von der heiligen Gertrude herrührenden Stifte in Nivelles, er wisse aus Urkunden, dafs sie *Beginae de Nivella* schon vor *Lambertus le Begge* genannt würden und citirte dazu eine Bulle eines Papstes *Urbanus*, ohne hinzuzufügen, welchen *Urbanus* er meine. Darauf sich stützend behaupteten *Zeger van Hontsum* und der Pater *Elias* steif und fest, dies sei *Urban II.* gewesen, zumal da *Gramaye*

Anno 1610 in der *Antverpia* noch hinzugefügt hatte, er wisse aus Urkunden, dafs der Name Begine in Nivelles und Andennes schon 200 Jahre vor *Lambertus le Begge* in Gebrauch gewesen sei, und der Name stamme von der heiligen Begga. (Freilich war er aufrichtig genug hinzuzufügen, daſs die Beginen in Brabant sehr wohl von den lüttichern stammen könnten, da ihm keine Stiftungs-Urkunde vor 102 bekannt sei. Es ist mir höchst wahrscheinlich, daſs *Gramaye* hier 1202 hat schreiben wollen und daſs er die *litterae fundationis* von Tirlemont (Thenae) gesehen habe, die ich oben S. 11 angeführt). Auch verwies er übrigens auf das bekannte Schriftchen von *Miraeus.*

Anno 1614 nun schrieb *Miraeus,* ohne allen Zweifel auf die Autorität von *Gramaye* hin, von dem er wuſste, daſs er in Nivelles die Urkunden durchforscht hatte, in seinem *Chronicon Cisterc. ordin. p. 198,* nachdem er die beiden Meinungen über den Ursprung der Beghinen angeführt: *utut sit, mihi constat, Canonicos et virgines nobiles Nivellenses nuncupari Beginas in veteribus Pontificum diplomatibus quae etiamnunc Nivellis adservantur.*

Wenn nun *Gramaye,* der sich auf eine päpstliche Bulle berief, die er selbst gesehen, Wahrheit berichtet hatte, so konnte *Lambertus* nicht mehr für den Stifter der Beghinen gehalten werden.

Mosheim, der nicht wuſste, daſs *Coens* schon diese Verwirrung vollständig aufgeklärt hatte, macht sich mit den angeführten Stellen der beiden groſsen Autoritäten *Gramaye* und *Aub. Miraeus* viel zu schaffen, bringt aber doch durch seine Kenntniſs der Kirchengeschichte heraus, die angezogene Bulle könne von keinem andern als *Urban IV.* herstammen und geht so weit, *Gramaye* hier einer absichtlichen Entstellung der Wahrheit zu verdächtigen. Um der Sache auf den Grund zu kommen, wandte sich *Coens* *) an die rechte Quelle, nämlich

*) *Coens p.* 64.

die Canonici des Collegiums von Nivelles und bekam von denselben folgende höchst bündige Antwort, die ich ganz mittheile, weil darin auch die Stellung der Beghinen in der bürgerlichen Gesellschaft so richtig bezeichnet wird:

Nos infra scripti Canonici Ecclesiae Collegiatae utriusque sexus Oppidi Nivellensis, perlustratis diligenter monumentis et antiquis Registris Ecclesiae nostrae, testamur, nullum in iis reperiri, neque sciri in iis unquam fuisse, Diploma alicujus Papae Urbani quam Urbani IV., quo Beginas Nivellenses accipit in suam protectionem, et aliud transsumptum, litteram ejusdem Pontificis, quibus similiter recipit reclusas et Beginas Dioecesis Leodiensis in suam protectionem.

Testamur insuper, nobis videri multum a vero aberrasse Cla. D. Joann. Bapt. Gramay et alios eum secutos, qui scripserunt, Dominas Nivellenses olim fuisse vocatas Beginas: Et nihil hic hactenus repertum esse ex quo colligi possit (quod iidem asserunt) Beginae nomen olim augustum et nobilibus, medium vitae genus inter coenobiticam et secularem professis, proprium fuisse, ac inditum esse a S. Begga, Canonicarum secularium fundatrice; quin potius ex archivis nostris constat, fere pauperioribus tantum mulieribus nomen illud olim fuisse tributum prout etiamnum tribuitur, quibus circa annum 1273 unum et 1281 alterum, ac postea adhuc duo hospitalia fuerunt erecta, superioribus turbis ita destructa, ut solae ruinae supersint.

Et omnino judicamus, indubiam fidem adhibendam esse Aegidio Aureae Vallis (cujus scripta pridem quondam Exc. D. Chapeauille in lucem protulit) qui disertis verbis jam a quatuor seculis scripsit, a cognomine Lamberti le Begue mulieres et puellas quae caste vivere proponunt, Beguines Gallice cognominari.

In quorum fidem his subscripsimus. Actum Nivellae die 27 Octobris anno Dom. 1628.

(folgen die Unterschriften.)

Alsdann wird aus dem *Registro Nivellensi fol. 131* die Bulle selbst mitgetheilt:

Urbanus Episcopus servus servorum Dei Dilectis in Christo filiabus Beginis de Nivella Leodiensis Dioecesis salutem et Apostolicam benedictionem. Sacrosancta Romana Ecclesia devotos et humiles filios ex assuetae pietatis officio propensius diligere consuevit, et ne pravorum hominum molestiis agitentur eos tanquam pia mater suae protectionis munimine confovere. Ea propter dilectae in Christo Filiae vestris justis postulationibus gratioso concurrentes assensu, personas vestras sub Beati Petri et nostra protectione suscipimus, ut sub Apostolicae sedis munimentis quiescentes liberius divinis vacetis obsequiis, nullis adversitatibus impeditae. Nulli ergo omnino hominum liceat hanc paginam nostrae protectionis infringere vel ei ausu temerario contraire. Si quis autem hoc attemptare praesumpserit, indignationem Omnipotentis Dei et Beatorum Petri et Pauli Apostolorum ejus se noverit incursurum. Datum Viterbii Idibus Juniis, Pontificatus nostri anno I. *)

Diese Bulle hat nach *Coens* meines Wissens Niemand gedruckt, wenigstens findet sie sich weder in *Aub. Miraeus Op. Diplomatico-Histor. edit. Foppens* noch in *Martene Thesaur. Nov. Anecdot.*, obgleich in letzterem Werke eine grofse Zahl von Bullen *Urban's IV.* mitgetheilt ist. Dasselbe Kirchenregister von Nivella enthält p. 468 das im Schreiben der Canonici angeführte *transsumptum* nämlich die *Litterae ad Beginas et Re-*

---

*) d. i. am 13. Juni 1262, denn *Urban IV.* war am 29. August 1261 Papst geworden.

clusas Dioeces. Leod. Diese Bulle ist in *Miraeus l. c. I. 429* abgedruckt und vom 7. Juli desselben Jahres *Nonis Julii, Viterbii*) datirt. Endlich findet sich in demselben Werke (*I. 430*) ein drittes Schreiben, denselben Gegenstand betreffend, an den *Decanus Leodiens.*, worin diesem die Beghinen empfohlen werden, am 11. Juli (*V Idus Julii, Viterbii*) also nur 4 Tage später erlassen. Wir haben schon oben aus dem Rescript des Bischof *Henricus Gueldrus* von 1266 gesehen, daſs *Urban IV.*, als er noch Archidiaconus war, ein *libellum* für die Beghinen über ihre *regula et vita* geschrieben haben soll; daher wundert es uns nicht, daſs er auch als Papst sich ihrer gnädigst annimmt.

Aus dem Vorstehenden erhellt nun sattsam, daſs jene Bullen nicht für die niveller Stiftsdamen geschrieben sind. Was hätten diese Damen auch für Ursache gehabt, sagt *Coens*, den Schutz des Papstes gegen die Anfeindungen böser Menschen anzuflehen, da ihnen als Herrinnen des Territoriums viel wirksamere Vertheidigungsmittel, nämlich Gefängniſs und Schandpfahl (*furca*) zu Gebote standen? *Coens* *) beschuldigt indessen *Gramaye* nicht der absichtlichen Entstellung, sondern sagt: *Dicam quod sentio. Gramayus deceptus fuit propter diversitatem foliorum Registri et alii ejus vestigia absque ulteriore indagine sunt secuti.* Obgleich *Gramaye* mit groſser Sorgfalt die Archive von fast ganz Belgien durchforscht und dadurch die alte Geschichte des Landes sehr bedeutend aufgeklärt hat, so hat er doch auch Manches ohne gehörige Untersuchung flüchtig niedergeschrieben, wie *Coens* bemerkt, so daſs, was er ohne Autorität hingeschrieben hat, gegen das Zeugniſs des *Aegidius* und anderer alter Schriftsteller durchaus kein Gewicht haben kann.

---

*) *Coens* p. 67.

Ueber die andaner Damen fragte. *Coens* bei dem *Canonicus D. A. Salicetus* in Huy an und erhielt unter dem 14. April 1629 folgende Antwort: „Es scheint, dafs die andaner Damen ehemals *Sanctimoniales*, nie aber *religiosae* oder *Beghinae* genannt worden sind. Man sieht daraus, dafs der Name *Beghina* nicht von *Begga* kommt, da das Institut und die Regel der Beghinen von dem der heil. Begga durchaus verschieden ist. Hier gilt die Ueberlieferung, dafs sie von dem Lütticher *Lambertus Begghus* ihren Namen und ihre Einrichtung erhalten haben." —

Man sollte nun glauben, dafs mit *Coens* zweiter Schrift der Streit über den Ursprung der Beghinen erledigt gewesen sei. Dem war aber nicht so. Im folgenden Jahre, 1630, nahm derselbe eine sehr unerwartete Wendung, die wir sogleich mittheilen werden, nachdem wir noch kurz vorangeschickt haben, was man im Jahre 1629 vom Alter des Beghinhofs von Vilvorde (ungefähr in der Mitte zwischen Brüssel und Mecheln gelegen) wufste.

Bei *Gramaye* finden sich in dieser Beziehung ein paar Stellen, die sich nicht gut mit einander reimen lassen. In der *Bruxella cum suo comitatu. Brux. 1606. kl. 4. p. 64* sagt er: *Vilvordiense Beginasium, si non primum, saltem e primis est totius Brabantiae ante annos amplius 500* (das wäre also um 1100) *fundatum; unde Mechliniense et Bruxellense aliaque nunc maxime nota Beginasia quasi sacrae quaedam coloniae profluxerunt.* In der *Histor. urbis et provinc. Mechliniensis. Brux. 1607. kl. 4. Lib. III. Cap. VI. p. 15* sagt er aber: *Virgines quaedam Beghinarum nomine caelibem vitam sed liberam agentes venerunt in Brabantiam ex Germania, ut opinantur quidam, ex regionibus Mosanis, ut ego probabili nixus con-*

jectura. Hac cum primo in urbes non reciperentur, circa Schaldim) resederunt ibique recens exstructo S. Bernhardi Monasterio se subjecerunt. Hac Mechliniam delatae* u. s. w.

Diese Angabe, dafs die ersten brabanter Beghinen beim St. Bernhards-Kloster gewohnt hätten, ist entschieden irrig: denn dieses Kloster war erst 1235 in der Parochie *de Vremde* gestiftet und wurde erst 1245 in in Hemissem**) *ad Schaldim* verlegt. Es existirten aber schon vor 1245 Beghinhöfe in Brabant.

Endlich sagt *Gramaye* im Jahre 1610 in der oben Seite 34 mitgetheilten Stelle der *Antverpia:* „er gebe gerne zu, dafs die Beginen, die in Brabant so zahlreich sind, von dem Beispiele der Lütticher entsprungen seien, da er keine Stiftungs-Urkunde vor 1(2)02 gelesen habe." Einmal sagt also *Gramaye,* die ältesten brabanter Beghinen seien höchst wahrscheinlich die vilvorder, die schon 1100 vorhanden gewesen wären; dann sagt er, die brabanter Beghinen wären seiner Vermuthung nach aus der Maasgegend gekommen und hätten sich zuerst beim St. Bernhard-Kloster i. e. nach 1245 angesiedelt. Zuletzt aber sagt er, er hätte nichts dagegen einzuwenden, dafs die brabanter Beghinen von den lüttichern stammten, denn ihm sei keine Stiftung zu Gesichte gekommen, die älter als die lütticher sei.

---

*) Diese Notiz scheint zuerst vorzukommen in dem M.S. des Mechelner *Wachtendonck.* Es heifst nämlich bei *Phalesius Chronicon Monasterii Affligeniensis M. S. No.* 7037 *B. B. fol.* 148: *Anno* 1207 *in Brabantiae partibus primum coeperunt Religiosae mulieres simul habitare, Beginae nuncupatae. Prima eorum habitatio fuit juxta monasterium S. Bernhardi ad Schaldim ubi multae numero dirigebantur a monachis. Sic D. Wachtendonck, Consul et Decanus Mechliniensis in suo M. S.*

**) Hemixen am rechten Ufer der Schelde in der Provinz Antwerpen.

Was geht aus diesen widersprechenden Angaben hervor? Mit Bestimmtheit nur dies, dafs *Gramaye* keine Urkunde kannte, die ihn berechtigt hätte, dem vilvorder Beghinhofe ein höheres Alter als dem lütticher zuzuschreiben. Die vilvorder Beghinen besafsen auch ihres Wissens keine Urkunden, aus denen sich das Alter ihres Hofes mit Bestimmtheit angeben liefse. Der Pastor *Vilvordiensis* schrieb an *Coens* *): *non constare ipsis determinate de die aut anno quo Beginagium Vilvordiense erectum fuerit ex monumentis et registris, constare autem ex litteris superrelictis, computatum semper fuisse inter antiquiora Beghinagia Brabantica.* Der vilvorder Beghinhof werde zu den älteren brabantischen gerechnet. Das ist nun auch sehr wahrscheinlich. *Coens* führt dazu eine Stelle aus einer alten Grünberger Chronik an, worin der Anfang der Lebensweise der Beghinen zum Jahre 1207 mit folgenden Worten bemerkt ist**): *Circa ann. Dom. 1207 mulieres in his partibus incipiebant mundum relinquere et vocabantur Beghinae, quae in initiis multas habuerunt difficultates.* Nun liegt aber Grünbergen nur 1 kleine Stunde von Vilvorde entfernt. Wahrscheinlich waren also im Anfange des 13. Jahrhunderts einige Beghinen in der Gegend von Vilvorde vorhanden und diese vereinigten sich vielleicht 10 oder 20 Jahre später zu einer Gesellschaft. Soviel als vorläufige Vermuthung.

---

*) *Coens* p. 25.

**) Ebend.

III. Capitel.

Die löwener Urkunden.

Im Jahre 1630 übernahm es jedoch der löwener Professor *Erycius Puteanus* die Welt eines Besseren zu belehren. Das Büchlein, welches er unter dem Titel *De Begginarum apud Belgas instituto et nomine suffragium, quo controversia recens excitata sopitur. Lovanii. 4.* herausgab, bildet den Vorläufer zu der im folgenden Jahre erschienenen dickleibigen *Vita S. Beggae cum historia Begginasiorum Belgii* des Abts *Ryckel*, welche bestimmt zu sein scheint, der vorläufigen Bekanntmachung des *Puteanus* den gehörigen Nachdruck zu geben. Das *suffragium* findet sich in dem *Ryckel*schen Buche p. 71—90 nochmals abgedruckt. In demselben Buche, pag. 227 — 235, hat *Puteanus* auch die Gründe des Suffragiums in einem Briefe an *Ryckel* auseinandergesetzt.

Puteanus verkündigt nun in pomphaftem Tone, im *Begginagium* bei Vilvorde sei eine Urkunde aufgefunden, welche beweise, daſs diese Anstalt schon in der Mitte des 11. Jahrhunderts geblühet habe. Es ist dies eine vom December des Jahres 1065 datirte Verordnung, wodurch die Beghinen den Armen unter ihnen jährlich zwei Scheffel Roggen zu Weihnachten aussetzen. — Nachdem *Puteanus* diese Verordnung getreu abgedruckt hat, läſst er noch eine genaue Beschreibung des daran hängenden Siegels folgen. Damit aber die Welt nicht ihm allein aufs Wort glauben solle, fügt er noch die Zeugnisse von folgenden 6 Personen hinzu:

Fr. Ch. Henriquez, Generalhistoriograph des Cistercienserordens.

J. G. a Ryckel ab Oorbeeck, Abt von St. Gertrude.

Fr. H. Lancilotus, Theol. Dr.

G. Mercerus, Rector von Löwen u. Theol. Dr.

Jacobus, Erzbischof von Mecheln.

Guilelmus Hugo, Notarius Apostolicus Imperialis, welche versichern, dafs das Original und namentlich die Jahreszahl desselben durchaus unverletzt und deutlich und der Abdruck dem Originale vollkommen gleichlautend ist.

Ferner ist noch eine *Litterae Civitatis Vilvordiensis* vom Jahre 1129 abgedruckt, worin der Beghinhof erwähnt wird, und drittens wird ein im Besitz des Secretairs der Stadt Vilvorde befindlicher vom *Begginasium Vilvordiense* im Jahre 1151 ausgestellter Pachtbrief angeführt.

Diese Documente sind nun wohl geeignet, wie *Puteanus* bemerkt, aus dem Stammler einen Stummen zu machen. Und da man übereingekommen zu sein schien, die Beghinen müfsten entweder von *S. Begga* oder von *Lambertus Beghius* stammen, als ob ein *tertium* nicht möglich wäre, so war damit die Sache der Begga-Anhänger gewonnen. Damit es aber auch an positiven Beweisen für die heil. Begga nicht fehle, stellt *Puteanus* noch deren 14 in dem Briefe an *Ryckel* zusammen, die von folgenden Punkten hergenommen sind:

a nomine,
a loco,
a vesti,
a formula vitae et voti,
a litteris Pontificum,

ab auctoritate Archiep. Mechl. Hauchini et Hovii (gegen das Ende des 16. Jahrhunderts),
a consensu virorum doctrina et pietate excellentium,
a Chronicis,
ab imaginibus,
a suffragio principum,
a favore numinis,
a decoro,
a similitudine,
ab adversariis ipsis.

Die Ausführung dieser Titel ist so schwach wie es die Hohlheit derselben erwarten läſst und man muſs zur Ehre von *Puteanus* Verstande annehmen, daſs er selbst nicht an seine darauf bezüglichen Redensarten geglaubt habe. Er sowohl wie das *pingue ingenium* ***Ryckels*** scheinen vorzüglich dahin zu trachten, in Andern den Glauben an die heil. Begga zu befestigen: denn wenn ***Ryckel*** zur Erklärung der auffallenden Erscheinung, daſs vom 8. bis zum Ende des 12. Jahrhunderts kein Schriftsteller der Beghinen erwähnt, die Vermuthung aufstellt, kein Mensch hätte davon gesprochen, weil die Sache gar zu bekannt gewesen wäre (*p. 172 Scitum enim et certum est quod quae vulgo nota sunt, scribere dedignamur*), so geht das doch wohl über die Gränzen der Naivität hinaus; und wenn er keinen Anstand nimmt, unter den dem Prologus vorangeschickten Zeugnissen für die heilige Begga auch die Stelle von *Molanus ad Usuardi Martyrolog. 1568.* auszuposaunen, die doch *Coens* schon (siehe oben Seite 26) den Schreiern sehr nachdrücklich in den Mund zurückgeschoben hatte, so läſst sich das doch nur im gelindesten Ausdrucke als eine *pia fraus* qualificiren. *Puteanus* hängt seinen „*Rationes*" noch ein kurzes Schreiben an *Coens* an, worin er ihm freundschaftlich bemerkt, dafs er nun wohl schweigen werde.

Coens scheint es für gerathen gehalten zu haben, sich gegen die Autorität des Erzbischofs von Mecheln und des Rectors von Löwen nicht aufzulehnen: denn hier endet die literarische Fehde.

Das vilvorder Document ist ein Stein geblieben, an dem sich die Geschichtsforscher gestofsen haben, den aber Keiner aus dem Wege zu räumen vermocht hat. In der Ausgabe von *Aubertus Miraeus Opera Diplom. et Histor. ed. Foppens Tom. I. p. 430*, wo das Document nach *Ryckel* abgedruckt ist, bemerkt *Foppens*, der Abt von St. Gertrude habe nichts unterlassen, um dasselbe authentisch zu machen *„et revera si ita est, nostrates Begginae nomen et institutum habent a S. Begga, non a Lamberto Beghio."* Die Unhaltbarkeit der Folgerung für die heil. Begga liegt auf der Hand: denn die heilige Begga wird in der Urkunde durchaus nicht erwähnt und wenn man aus derselben eine Folgerung in Betreff der Begga ziehen will, so kann letztere nur dabei verlieren, weil ihre vermeintlichen Nachfolgerinnen darin nicht nach ihr mit *gg* geschrieben, sondern *„Beghinae"* genannt sind.

Der heitere Abbé *S**** nimmt sich die Freiheit, in seinem Briefe an Mlle *de G**** vom Jahre 1731 das allgemeine Mifstrauen in die Aechtheit des vilvorder Documents auszusprechen. In Betreff der sieben Zeugen für die Aechtheit bemerkt er p. 5: *leur authorité ne put jamais détruire l'opinion de ceux qui se fondant bien plutôt sur le silence général de tous les écrivains soutenaient opiniatrement que vous estiéz reste inconnuës dans ce monde jusque vers la fin du XII siecle . . .* p. 6: *mais encore un coup, comment convaincre tout le monde de l'authenticité de ce meme Chartre et le* *faire recevoir de tout le monde pour un article de foy?* Am Schluſs wiederholt er noch, Vilvorde würde sich rühmen können, das älteste *Beguinage* zu besitzen, *si le chartre dont j'ai fait mention dans ma lettre pourait gagner la foy publique.*

Mosheim, der um 1770 schrieb, sagt, man möge das Document drehen und wenden wie man wolle, es sei unmöglich, ihm eine schwache Seite abzugewinnen, und da geschriebene Urkunden die gröſste Autorität für den Geschichtsforscher wären, so sei es dadurch erwiesen, daſs schon vor *Lambertus Beghius* Beghinen vorhanden gewesen. Ueber die heil. Begga faſst er endlich p. 86 sein Urtheil in folgende Periode zusammen:

„*Illustres illae Beguinarum origines quarum probabilitati adstruendae tot eruditae manus ministrarunt, fabula, nisi totus fallor, sunt quam nominum affinitas unice saeculo forte XIV peperit et deinceps ambitio aut vanae potius gloriae studium ita roboravit, nunc ut difficillime ex mentibus hominum quorum ostentationi servit, evelli queat.*

Smet sagt in seinem *Commentarius praevius de S. Begga Vidua* in den *Actis Sanctor. Belgii selectis Tom. V* im Jahre 1789 p. 70 — 111: man habe nicht aufgehört, über die vilvorder Urkunde Bemerkungen zu machen, z. B. daſs das Zeugniſs der Gottesgelehrten *in rebus diplomaticis*, die nicht eigentlich ihr Fach wären, weniger Gewicht haben könne. Um nun endlich den Streit zum Schluſs zu bringen, lieſs *Smet* sich von der *Magistra Begginarum Vilvordiensium* die vielbesprochene Urkunde einhandigen, sie mit gröſster Sorgfalt in Kupfer stechen und dies *Fac simile* seinem Commentar beifugen. Da das Siegel seit *Puteanus* Beschreibung bedeutend gelitten hatte, lieſs *Smet* der Abbildung desselben auch noch das damalige Siegel des Beghinhofes von Vilvorde (1788 — 1789) der Vergleichung wegen hinzufügen.

Folgendes sind die vilvorder Urkunden *):

I.

Universis praesens scriptum visuris Magistra totusque Conventus Beghinarum de Solatio Beatae Mariae juxta Filforde **) *scire veritatem. Universitati vestrae tenore praesentium notum facimus, quod Curia nostra tenetur pauperibus Beghinis in Curia nostra residentibus duos modios siliginis in natali Domini perpetuo solvendos et deliberandos* ***), *quam siliginem illa quaecunque sit, ad quam specialis cura pauperum Beghinarum dinoscitur pertinere, recipiet, scilicet* †) *ab illo qui vicem gerit in Curia in temporalibus, quae* ††) *sollerter instabit, donec praedictum debitum in praedicto tempore ab illo qui debet sit persoluta* †††), *tali conditione mediante, quod praedicta quaecunque sit de consilio Presbyterorum loci et Magistrarum principalium disponet secundum conscientiam earum, prout melius ad usum pauperum Beghinarum videbitur pertinere. Ita tamen quod Margareta Beghina nostra dicta de Walmersele quamdiu vixerit de praedicta siligine recipiet usumfructum, ipsa vero ab hac luce subtracta, praedicta siligo integraliter stabit, ut dictum est, ad usum pauperum Beghinarum, et deinceps nul-*

*) Siehe das *Fac-simile* der ersten auf Taf. II.

**) So liest *Bethmann*. *Ryckel* und *Smet* hatten *Filford* gelesen.

***) In dem *Fac-simile* steht *deliberamndos*.

†) So liest *Bethmann*. *Ryckel* und *Smet* hatten „*et hoc*" gelesen.

††) nicht *qui*, wie *Ryckel* und *Smet* lasen.

†††) steht so im *Fac-simile*.

*lus hominum in praedictis debitis quidquam juris *) sibi poterit vendicare. In cujus rei testimonium et munimen praesentes litteras sigillo Curiae nostrae fecimus consignari. Datum Anno Domini M. LXV. mense Decembri.*

II.

*Universis praesentes litteras visuris Wilhelmus Wijnen & Joan. Conam Scabini Filfordenses salutem et noscere veritatem. Notum sit quod Domicella Isabella Beggina**) filia Livini locavit et ad censum dedit ex parte mense S. Spiritus Curiae Begginarum Laurentio dicto de Brug per terminum triginta annorum a die datae praesentis immediate subsequentium, unum bonarium terrae arabilis parum plus vel minus site super Cayebrugge ad locum dictum Loeshove annuatim per quindecim denariorum monetae usualis semper ad festum Natalis Domini solvend'.*

Harum testimonio litteris nostris sigillo sigillatarum. Datum Anno Domini M. C. XXIX. Dominica qua cantatur Cantate. (Et erant appensa duo sigilla Scabinorum praedictorum in cera viridi).

Diese Abschrift hat *Puteanus* vom Notar *G. Hugo* allein beglaubigen lassen.

III.

Endlich erwähnt *Puteanus*, die Begginen von Vilvorde hätten kürzlich dem Magistrate dieser Stadt einen Brief eingehändigt, woraus hervorgehe, *Anno M. C. LI.*

---

*) *Ryckel* las *victus*, von *Smet* verbessert.

**) so schreibt *Puteanus*. Im Original stand höchst wahrscheinlich *Beghina*. Siehe unten.

a Pastore, Magistrabus ac Provisoribus Begginasii Vilvordiensis terrae partem in pago Semsio sitae, Joanni cuidam van Smissen elocatam fuisse. Extant hae apud J. Lalemanum ejusdem urbis Secretarium fügt *Puteanus* hinzu. — *Puteanus* beschreibt auch das Siegel von Nr. I., die Umschrift liefse sich nicht mehr deutlich erkennen; „*siquid e reliquiis paucarum litterarum colligi potest, Sigillum Curiae B. Mariae juxta Filford scriptum fuisse opinor. Sane ex ipso haec verba instrumento eruuntur.*"

Diese drei Urkunden mussen zu einer Zeit geschrieben sein, wo der Beghinhof bei Vilvorde schon vollständig organisirt und in einem verhältnifsmäfsig blühenden Zustande war. Zur Zeit der ersten Urkunde, also Anno 1065, waren daselbst schon zwei *Magistrae* und ein *Pastor*, ferner ein *Provisor* oder Oeconom (*ille qui vicem gerit in curia in temporalibus*). Die Beghinen waren begütert genug, um sich mit der Pflege der Aermeren unter ihnen beschäftigen zu können und eine der Beghinen hatte das specielle Amt der Armenpflege (*illa quaecunque sit ad quam specialis cura pauperum Beghinarum dinoscitur pertinere*). Endlich hatte der Beghinhof ein Siegel, das den Verordnungen der Schwesterschaft beigefügt wurde. Aus der zweiten Urkunde geht hervor, dafs schon im Jahre 1129 eine *mensa S. Spiritus* bestanden habe, die durch Einkünfte aus liegenden Gründen unterhalten wurde; ferner, dafs damals schon *Scabini* *) in Vilvorde existirten. Zur Unterstutzung einer so frühen Existenz von *Scabini* fuhrt *Smet* ein Diplom des Herzogs Heinrich vom Jahre 1192 an, worin verordnet wird, die Bürger sollten in allen Angelegenheiten „*non nisi cum Scabinis ipsius oppidi*" ver-

*) Schoffen, *echevins*.

handeln. Daraus geht nun freilich nur hervor, dafs 63 Jahre nach Datum der zweiten Urkunde das Amt der *Scabini* in Vilvorde vorhanden war; indefs das mag noch hingehen.

Die dritte Urkunde endlich beweist, dafs zur Zeit ihrer Abfassung im Jahre 1151 der Beghinhof einen ***Pastor***, ***Magistrae*** und ***Provisores*** hatte.

Zweiter Abschnitt.

Neue Untersuchungen zum Beweise der Falschheit der löwener Urkunden.

IV. Capitel.

Erster Beweis: aus einem Anachronismus in der ältesten Urkunde. Nachweisung, dafs der in der ältesten Urkunde, angeblich vom Jahre 1065, vorkommende Name *de Solatio beatae Mariae* von einer Schenkung der Herzogin *Sophie* von Brabant im Jahre 1239 herrührt.

Die erste Frage, die sich mir bei aufmerksamer Durchlesung der ersten Urkunde darbot, ist die nach dem Ursprunge des Namens *„de Solatio beatae Mariae"*. Wenn sich nämlich glaubwürdige und übereinstimmende Nachrichten auffinden liefsen, dafs dieser Name nach 1065 entstanden sei, so wäre es dadurch bewiesen, dafs die Urkunde ein falsches Datum trüge.

Ich habe zu dieser Untersuchung folgende Schriftsteller benutzt:

G. Gazet *L'histoire ecclésiastique du Pays-Bas.* Im Jahre 1614 nach des Verfassers Tode († 1602) in Valenciennes. 4. erschienen.

J. Lipsius *Diva Virgo Hallensis,* im Jahre 1603 geschrieben. In *Oper. omn. fol. 1637. Tom. III p. 693.*

4*

B. Gramaye Bruxella cum suo Comitatu. Brux. 1606. kl. 4.

A. Wichmans Brabantia Mariana. Antv. 1632. 4.

J. Compaignon Histoire de l'image admirable de Nostre Dame de Consolation du Monastère des Religieuses Carmelites de Vilvorde. Brux. 1648. kl. 8.

A. Sanderi presbyteri Chorographia sacra Brabantiae ex monasteriorum tabulis et principum diplomatibus eruta et imaginibus aeneis illustrata. 1. Ausgabe. Brux. 1659. 2. vermehrte Hagae-Comit. 1726. 3 Bände in fol. Tom. II. p. 323—342.

Aufserdem:

Alberici Monachi trium fontium Chronicon edit. pr. Leibnitzii. Lipsiae 1698. 4. (schrieb im J. 1241).

P. Divaei Rerum Brabanticarum libri XIX, ab Aub. Miraco prim. edit. Antverp. 1610. (schrieb im Jahre 1563).

Butkens. Trophées du Duché de Brabant. Original-Ausgabe 1637, spätere Ausgabe *La Haye 1726. fol. Tom. I.*

L'art de vérifier les dates etc. Troisième édition. Paris. 1787. in fol. Tom. III. p. 367. col. 2.

Gazet erzählt ganz kurz, *Sophie*, Gemahlin *Heinrichs II.*, Herzogs von Brabant, habe einigen alten Frauen, die *en congregation* zu Vilvorde lebten, ein Bild der heil. Jungfrau geschenkt. Dieselbe habe auch drei andere Marienbilder ihrer Schwägerin *Mathilde* geschenkt, die eines davon im Jahre 1267 nach Hal *) gegeben habe.

---

*) Hal ist ein Städtchen zwischen Brüssel und Mons gelegen, dessen Marienbild noch jetzt seiner Wunder wegen berühmt ist.

Bestimmter drückt sich über diese Schenkung *Lipsius l. c.* in folgenden Worten aus:

Sophia igitur ista maternae pietatis (sie war die Tochter der heiligen Elisabeth von Thüringen) *etiam heres et assecla Divae Virginis cultui inprimis fuit mancipata. Putatur a matre statuas aliquot accepisse, quas vel ob ejus memoriam caras sanctasque habuit: e quibus unam Vilvordiae in coetu virginum religiosarum dedit dedicavit, miraculis olim et nuper claram, cui cognomen D i v a e C o n s o l a t r i c i s a re inditum quia multi animi corporisque remedia illic aut levamenta reperiebant. Tres alias dedisse Machtildi sorori Henrici ducis mariti sui.* Dann fügt er im Folgenden hinzu, dafs Mathilde im Jahre 1267, als sie dem Tode nahe war, diese drei Bilder verschenkt habe, und zwar eines derselben nach Hal. Mit den Worten *in coetu virginum religiosarum* wollte *Lipsius* wahrscheinlich die Carmeliternonnen bezeichnen, in deren Besitz sich das Marienbild zur Zeit, als *Lipsius* schrieb, befand. *Miraeus*, der in seinen Zusätzen zu *Sigebert's* Chronik 1608. 4°. p. 284 diese ganze Stelle abdruckte, fügt nach dem Worte *religiosarum* den Zusatz ein: „*ordinis hodie Carmelitani.*" Darüber unten mehr. *Lipsius* knüpft also die Entstehung des Namens der *Diva Consolatrix* an ein von der Herzogin *Sophie* zu Vilvorde gewissen Frauen geschenktes Bild.

Hören wir nun weiter *Gramaye*, der an der oben S. 39 citirten Stelle, worin er vom Alter des vilvorder Beghinhofs spricht, also fortfährt: *Celebris autem hic loci memoria Deiparae ob Iconem sacram et multis claram miraculis ideoque Mariae consolatricis vocatam,**)

---

*) Onse lieve vrou ten Troeste. 1267. *Lips. Cap. III. Virg. Hal.* Randbemerkung v. *Gramaye.*

a Sophia (soror fuit Mathildis Henrico Duci nuptae) Hungarica eo delatam. Dann erzählt *Gramaye*, dafs der Herzog *Karl* den vilvorder Beghinhof, der damals noch aufserhalb der Stadt bei dem Dorfe Poety lag, im Jahre 1468 an Carmeliternonnen, die aus der Gegend von Lüttich kamen, schenkte und dafs die Beghinen und die Nonnen dort gemeinschaftlich wohnten, bis im Jahre 1578 die ganze Anstalt zerstört wurde, worauf denn beide Theile, sowohl die Beghinen als die Nonnen im Jahre 1586 in die Stadt Vilvorde aufgenommen wurden; ferner dafs damals den Carmeliternonnen die alte Nicolai-Capelle angewiesen wurde, die sie zu einem Kloster einrichteten, *quo translata virginis consolatricis diligenter asservata Icon a frequenti hominum multitudine visitur.*

Nach *Gramaye* waren es also Beghinen, denen *Sophie* das wunderthätige Marienbild schenkte, welchem man den Namen „Unsre liebe Frau vom Troste" gab. — Im Vorbeigehen bemerke ich, dafs die obige Stelle von *Gramaye* zwei Flüchtigkeitsfehler enthält. Mathilde war nicht die Gemahlin *Heinrichs II.* und Schwester *Sophiens*, wie *Gramaye* in Parenthese bemerkt. *Lipsius*, den er excerpirt, sagt, *Sophie* hätte drei andere Bilder geschenkt „*Mathildi sorori Henrici ducis mariti sui.*" Diese Stelle hat *Gramaye* nicht aufmerksam angesehen. Zweitens citirt er fälschlich am Rande die Jahreszahl 1267 zu der Schenkung des Marienbildes durch *Sophie* nach Vilvorde, während *Lipsius* sagt, dafs Mathilde in diesem Jahre ein Bild nach Hal geschenkt habe. — Das Jahr der Schenkung des Marienbildes nach Vilvorde können wir erst dann bestimmen, wenn wir genau wissen, wann *Sophie* mit *Heinrich II.* vermählt wurde. Die wichtigste Autorität über diesen Punkt ist der gleichzeitig lebende Mönch *Albericus*, der im Jahre 1241 zu schreiben aufhörte. Die Vermählung *Heinrichs II.* mit *Sophie* fand nicht, wie *Lipsius* angiebt, im Jahre 1242, auch nicht, wie *Miraeus* sagt, im Jahre 1240, sondern schon im Jahre 1239 statt. *Alberich* sagt nämlich zu seinem Schlufsjahre 1241 (Ausgabe von *Leibnitz* p. 578) „(*Lantgravius Conradus*) *cujus sororem* (*Sophiam*) *dux Brabantiae duxerat ante biennium.*" Dieser Autorität folgt mit Recht *Butkens* in seiner authentischen Geschichte der Herzöge von Brabant. Siehe die Original-Ausgabe vom Jahre 1637, der wir folgende Data entnehmen: *Heinrich II.* regierte vom Jahre 1235 bis zu seinem Tode, der am 1. Februar 1248 im 59. Jahre seines Alters erfolgte. (Nach der brabantischen Weise, das Jahr mit dem Charfreitag anzufangen, fiel sein Tod noch in das Jahr 1247. Nach der später allgemein angenommenen römischen Rechnung, die das Jahr mit dem 1. Januar anfängt, starb *Heinrich II.* also 1248. Dies ist die von *Butkens* als *Style nouveau* oder *Style romain* angeführte Rechnung. Siehe *Guicciardini* (der im Jahre 1587 schrieb) *Descriptio Belgici Amstelod. 1660. Tom. I. p. 60*). *Heinrich II.* hatte sich schon bei Lebzeiten seines Vaters, lange vor seinem Regierungsantritt, im Jahre 1207 zum erstenmale vermählt mit *Marie* von Schwaben, die im Jahre 1239 starb. Er heirathete noch in demselben Jahre *Sophie*, Tochter der heiligen Elisabeth.*) Diese *Sophie* war eine sehr fromme Frau, die unter andern im Jahre 1240 das Hospital in Löwen stiftete *et fit plusieurs biens aux pauvres et lieux devots.* Sie starb erst im Jahre 1275. — In der Haager Ausgabe

*) Elisabeth starb 1231 und wurde 1235 heilig gesprochen. Siehe das Leben der heil. Elisabeth vom Grafen *Montalembert* in der deutschen Bearbeitung von *J. Ph. Städtler.* Aachen und Leipzig 1837 8.

von *Butkens* vom Jahre 1726 findet sich bei der Vermählung der Fürstin *Sophie* der Zusatz, dieselbe wäre damals erst 19 Jahre alt gewesen. Dies ist ein Irrthum. *Sophie* war noch jünger. Hier kommt uns die *Art de vérifier les dates etc. l. c.* zu Hülfe. Elisabeth gebar ihren einzigen Sohn *Hermann* im Jahre 1223. Da nun *Lipsius l. c.* sagt, *Sophie* sei zwei Jahre nach *Hermann* geboren, so ist ihr Geburtsjahr 1225, und sie war, als sie den 50jährigen *Heinrich II.* heirathete, erst 14 Jahr alt. Sie folgte auch in diesem Punkte dem Beispiele ihrer heiligen Mutter, die auch schon im 14. Jahre (*grandiuscula et viri jam patiens. Lipsius.*) verheirathet worden war.

Es ist uns auch wichtig zu wissen, was *Heinrich II.* Jahre 1239 that. *Divaeus* sagt *l. c.* zum Jahre 1239: *Henricus dux Coloniam obsidione concussit, qua, cum expugnatu difficilem cernebat, relicta, Bonam usque vineas archiepiscopi incendit.* Uebereinstimmend hiermit sagt *Butkens,* Original-Ausgabe p. 229 unten, der Herzog sei im Jahre 1239 über die Maas gezogen und habe den Erzbischof bis nach Köln verfolgt. — Diesen Notizen füge ich noch hinzu, dafs die Herzöge von Brabant im Schlofse bei Vilvorde zu residiren pflegten. Wir setzen nun, mit diesen Daten ausgerüstet, unsere Untersuchung über das wunderthätige Marienbild von Vilvorde weiter fort.

Die bis jetzt angeführten Schriftsteller *Lipsius* und *Gramaye* schrieben vor 1630. Die folgenden drei schrieben nach 1630. Sie haben das mit einander gemein, dafs sie aus dem Archive des Carmeliter-Nonnenklosters *de la Consolation*, wo sich das wunderthätige Marienbild zu ihrer Zeit schon befand, schöpften und dafs sie, wenigstens zwei unter ihnen, *Wichmans* und *Sander*, Geistliche waren. Und wenn der dritte, der *Sieur Compaignon*, auch kein Geistlicher gewesen ist, so hat er doch mit dem Zwecke, zu erbauen, geschrieben. *Wichmans* drückt sich sehr bestimmt über den Ursprung des Namens der *Diva Virgo Consolatrix* aus, obgleich er, sowie *Compaignon* und *Sander* nicht sagen, dafs die Personen, denen das Marienbild von der Herzogin *Sophie* geschenkt wurde, Beghinen gewesen seien. Ja diese drei Schriftsteller behaupten sogar, im Widerspruche mit *Gramaye*, dafs diese Personen keine Beghinen gewesen. Was von dieser Angabe sowie von der Jahreszahl, an welche die drei genannten Schriftsteller die erste Schenkung des Bildes knüpfen, zu halten sei, darüber werde ich weiter unten völlig genügende Aufklärung geben; ich bitte den Leser, vorläufig hauptsächlich auf den Ursprung des Namens achten zu wollen.

Wichmans erzählt p. 918 seiner *Brabantia Mariana*: *Sophie*, Herzogin von Brabant, habe um das Jahr 1228 bei Vilvorde ein Pflege- oder Krankenhaus für sieben alte Frauen gestiftet. Da die Herzogin *Sophie*, die im Schlofse bei Vilvorde wohnte, zu ihrem Gemahl, der zwischen Maas und Rhein im Felde stand, „*civitate Coloniensi obsessa*" reisen mufste, schenkte sie den Frauen vom Hospital ein Marienbild, auf das sie einen besonderen Werth legte. „*Atque hinc primogenia origo nominis quod exinde dictum* het Gasthuys von Maria ten Troost *id est Xenodochium Div. Virg. Consolatricis.*" Von Beghinen spricht *Wichmans* nur ganz beiläufig mit den Worten „*Tractu temporis substitutae hoc in loco begginae sunt, sub quarum regimine nescio qua negligentia non in tanto pretio memorata imago. Quare iis amotis in earum locum subrogatae Carmelitanae virgines anno 1468*; damals wurde also das, was *Wichmans* ein *Xenodochium* nennt, in ein Kloster verwandelt, aus dessen Archive *Wichmans* „*fideliter deprompta*" mittheilt.

Da *Wichmans* nur zwei Jahre nach der Bekanntmachung der famösen löwener Urkunden schrieb, konnte er nicht gut umhin, dieselben zu erwähnen. Er thut es auch p. 922 ungefähr so: „Hier erhebt sich nun aber eine Schwierigkeit (*una difficultas*). Nach einem kürzlich aufgefundenen Documente nämlich ist die Verehrung der heiligen Jungfrau ten Troost hier schon fast 200 Jahre älter." Nachdem er die Zeugnisse der Löwener und die Beschreibung des Siegels angeführt hat, fährt er fort: ***Ex quibus patet antiquitas cultus Mariani apud Vilvordienses et simul Begginarum diu ante Lambertum Beguium sub patrocinio D. Virginis coadunatarum. Reliqua, an, et quomodo cum archivis hodierni monasterii concordent, disquirenda relinquo quibus majus otium et melior lubentia.*** Das heifst auf deutsch: Wenn ich Lust hätte, so könnte ich aus dem Kloster-Archive die Behauptung von dem hohen Alter der vilvorder Beghinen Lügen strafen.*)

Compaignon erzählt in seiner Monographie über das vilvorder Marienbild die Geschichte der Schenkung wie *Wichmans;* auch scheint er über die Chronologie genau unterrichtet. Nach ihm p. 41 stiftete *Sophie* ein Hospital im Jahre 1228 nahe bei Vilvorde, nämlich zu Steenvort im Kirchspiel St. Martin-Peuti. Diese Stiftung wurde 1230 vom Bischof von Cambray, *Godefroy de Fontaine*, approbirt und confirmirt. *Sophie* schenkte das Marienbild *de Nostre Dame de Consolation que sa saincte Mere luy avait donnée par rareté* an die Frauen vom Hospital (p. 44) *qui prit alors le nom de l'Hospital de Nostre Dame de Consolation à cause de l'Image*

---

*) Diese Uebersetzung wird im V. Cap. gerechtfertigt werden.

de la Vierge Marie qu'elles prindrent pour leur Patronne.

Fragt man nun *Compaignon*, in welcher Beziehung die Beghinen zu dem vielbesprochenen Marienbilde stehen, so giebt er die auffallende Antwort p. 44: *Cet Hospital fut changé en un Beguinage l'an 1440 le 10 de Novembre par ordre de Monseigneur Godefroy Evesque d'Aguensis, Suffragant de Cambray* und sagt dann, dieser Beghinhof hätte bis 1468 bestanden, wo er durch den Herzog *Carl* in ein Carmeliter-Nonnenkloster verwandelt worden wäre.

Sander endlich, der die Geschichten der brabantischen Klöster monographisch bearbeitete, sagt: die Verehrung der heiligen Jungfrau unter dem Namen *de Solatio* oder *Consolatrix* nahm ihren Ursprung von dem Bilde, welches *Sophie* den Frauen vom Hospitale schenkte. Oder wenn die Verehrung der Mutter Gottes unter jenem Namen schon früher dort bestand, so wurde sie doch durch dieses wunderthätige Marienbild vermehrt und verbreitet. (*Aut certe cultus Deiparae antea inibi sub eo nomine praeexistens, tunc auctus et propagatus fuit ratione dictae imaginis, miraculis celebris*). Diese Anspielung abgerechnet, spricht *Sander* durchaus nicht von dem löwener Documente. Er theilt die ganze Erzählung von der Schenkung des Marienbildes und von der späteren Substitution der Beghinen in das Hospital nach *Wichmans* mit, läfst aber die Stelle über die löwener Documente weg.

Die älteste Urkunde, die *Sander* kennt, ist ein Brief des Bischofs *Guido* von Cambray vom Jahre 1239 zu Gunsten eines von *Sophie*, Herzogin von Brabant um das Jahr 1228, wie *Sander* sagt, gestifteten Hospitals. Aus diesem Briefe theilt *Sander* eine kleine Stelle mit, worin der Name *Solatium Beatae Mariae prope Fil-*

forden vorkommt. Ferner erwähnt er eine Bulle *Innocenz IV.* vom Jahre 1243, worin dieser Papst die *bona Hospitalis S. Mariae de Solatio* in seinen Schutz nimmt.

Da es nun, wenn wir vorläufig von den Neben-Umständen absehen, durch das übereinstimmende und sehr bestimmte Zeugniſs der sechs Schriftsteller *Gazet, Lipsius, Gramaye, Wichmans, Compaignon* und *Sander* bewiesen ist, daſs die Verehrung der heil. Jungfrau bei Vilvorde unter dem Namen *Consolatrix* oder *de Solatio* von einer Schenkung der Herzogin *Sophie*, Gemahlin *Heinrichs II.* von Brabant, ihren Ursprung genommen hat, so wird es wohl dem Leser sehr wahrscheinlich sein, daſs eine Urkunde, in welcher dieser Name vorkommt, nur fälschlich die Jahreszahl 1065 tragen kann. Wünschenswerth wird es aber auch zugleich erscheinen, daſs es urkundlich bewiesen werden möchte 1) daſs der Name *Solatium beatae Mariae* erst im Jahre 1239 vorkommt, damit die Erzählung von der Schenkung *Sophiens*, als sie zu ihrem Gemahl, der zwischen Maas und Rhein im Felde stand, reisen muſste, mit der Chronologie der Geschichte von Brabant in Einklang gebracht werde; und 2) daſs es Beghinen waren, für die um dieselbe Zeit ein Hospital bei Vilvorde gestiftet wurde. Diesen Beweis sowie die Lösung aller übrigen in Vorstehendem noch enthaltenen Widersprüche und Dunkelheiten bin ich glücklicher Weise im Stande im Folgenden zu geben.

V. Capitel.

Zweiter Beweis aus der urkundlichen Geschichte des vilvorder Beghinhofs selbst.

Der Wunsch, die löwener Urkunden oder doch eine oder die andere derselben an Ort und Stelle noch aufzufinden, führte mich zuerst nach Vilvorde. Da die Haupturkunde von 1065 noch im Jahre 1788 bis 1789 vorhanden gewesen war, konnte sie sich auch nach Aufhebung des Beghinhofs im Jahre 1796 erhalten haben. Nachdem ich vergeblich im Stadt-Archive nach der Urkunde von 1151 gesucht und mich ebenfalls vergeblich nach den hinterlassenen Papieren des Beghinhofs sowie nach der Lage des Ortes Steenvort, den Niemand kannte (obgleich der vilvorder Beghinhof sich noch, dem von *Smet* abgebildeten Siegel zufolge, bis zu seiner Aufhebung *Begynhof van Steenvoort* nannte) erkundigt hatte, beschlofs ich meinen Nachforschungen eine andere Richtung zu geben. Wenn man von der Eisenbahn nach Vilvorde hineingeht, bemerkt man in der ersten Strafse (*rue de Louvain*) sogleich zur Rechten, in einer und derselben Ringmauer mit der *Caserne des Gardes sédentaires* eine Kirche mit zwei unregelmäfsig gestellten Thürmen, von einigen Gebäuden umgeben. Ueber dem Eingang der Ringmauer, welcher zur Kirche führt, steht die halbkreisförmige Inschrift *Nood zoekt Troost* d. i. Noth sucht Trost. Ueber dieser Stelle befindet sich in einer Nische der Mauer ein kleines Marienbild, das noch aufserdem durch ein hölzernes Schirmdach geschützt ist. Von dem Eingange der Kirche selbst aus kann man, auch wenn die Kirche geschlossen ist, durch ein Gitter den Hochaltar und auf demselben ein Marienbild von der gewöhnlichen Form eines Kegels mit breiter Basis, auf dessen Spitze ein Kopf steht, erblicken. Dies ist das alte wunderthätige Marienbild: denn hier ist das im Jahre 1586 in die Stadt Vilvorde aufgenommene Carmeliterinnen-Kloster, das im Jahre 1468 in einem Theile des Beghinhofs von Steenvort im Kirchspiel von Peuthy bei Vilvorde gestiftet worden war. Dies unter dem Namen der *Consolation* bekannte Kloster hatte ich schon bei meinem ersten Besuche in Vilvorde bemerkt. Da ich nun mittlerweile aus *Wichmans*, *Compaignon* und namentlich aus *Sander*, der um die Mitte des 17. Jahrhunderts schrieb, erfahren hatte, dafs damals noch mehrere Urkunden aus dem 13. Jahrhundert dort vorhanden waren, so erkundigte ich mich darnach bei der *Supérieure* und bei dem geistlichen *Directeur* der Nonnen. Der letztere war so gütig, mir am 15. November 1841 sämmtliche auf die Geschichte des Klosters und die des ehemaligen Beghinhofs von Steenvort bezüglichen Handschriften zur Verfügung zu stellen. Aus denselben folgt nun hier die

Urkundliche Geschichte des Beghinhofs bei und später in Vilvorde.

I. Periode: Geschichte des Beghinhofs von Steenvort im Kirchspiel von Peuthy bei Vilvorde, von seiner Stiftung durch *Sophie*, Herzogin von Brabant, bis zu der durch *Karl den Kühnen* beabsichtigten Aufhebung, von 1239 – 1468.

Quellen:

Aufser den sechs **Original-Urkunden**, die ich der Reihe nach aufführen werde, ist die Hauptquelle für das erste Jahrhundert des Beghinhofs eine alte Copien-Sammlung von 5 Blättern fol., die nach Papier und Schrift mit Bestimmtheit dem 15. Jahrhundert und, wie ich vermuthe, der ersten Hälfte desselben angehört. Sie enthält alle wichtigen Urkunden von 1239 bis 1336 nach den Regierungsjahren der Päpste geordnet. Die Copien selbst sind treu, wie ich mich durch die Vergleichung derjenigen Originale, die noch vorhanden sind, überzeugt habe; aber in der Zeitrechnung der Päpste finden sich mehrere Irrthümer, die nachher in die gedruckten Bücher übergegangen sind. Auf dem Umschlage steht von sehr alter Hand geschrieben: *In isto codice omnia acta loci beatae virginis de consolatione prope filfordiam ab ann. domini M. CC. XXX* (soll heifsen *M. CC. XXXIX*, wie wir sogleich sehen werden) *usque ad ann. domini M. CCC. XXXVI.*

Ferner gehört hierher das Stockbuch (*Stock-boeck*), ein ziemlich starkes Quartheft vom Jahre 1427, flämisch mit einer kurzen lateinischen Vorbemerkung. Es ist dies ein Register der unbeweglichen Güter und der Einkünfte des Beghinhofs. — Aufserdem eine Anzahl Original-Briefe, vorzüglich Schöffenbriefe aus Vilvorde über die Besitzthümer, vorzüglich Grundstücke des Beghinhofs, der älteste vom Jahre 1292. In dem Briefbuche (*Register der Brieven*), im Jahre 1624 von einem Carmelitermönch aus Mecheln geschrieben, und Abschriften der Verschreibungen über Aecker, Wiesen und Holzungen enthaltend, ist ebenfalls dieser Brief von 1292 der älteste.

Endlich gehört hierher ein kleiner Theil des weiter unten zu erwähnenden Urkundenbuchs und mehrere lose Blätter vom Ende des 16. und vom Anfange des 17. Jahrhunderts.

* * *

Aus dem Originale theile ich hier dasjenige Schreiben mit, das auch in der alten Copiensammlung unter der Ueberschrift *Prima fundatio beghinarum prope Filforden tempore Gregorii IX* *) den Anfang macht.

1. *Guido Dei gratia Cameracensis episcopus omnibus praesens scriptum inspecturis gratiam in via et gloriam in patria.*

Approbante Sanctissimo Patre Gregorio Dei gratia summo Pontifice honestatem vivendi sanc-
Z. 6. *tarum virginum et continentium, in Beghinarum habitu Deo servientium, et eodem eas exhortante piis exhortationibus ad perseverandum, sicut in ejus litteris perspeximus contineri: cum prius eas diligeremus in domino, ad earum dilectionem et conservationem paterna devotione, sicut justum est, ampliori affectione fuimus et sumus animati; Maxime cum magis bonos et religiosos ac doctores theologos eas com-*
Z. 15. *mendare, diligere videamus et fovere. Ut igitur cujusdam principii diluculum incepti apud Solatium beatae Mariae prope Vilfordis crescere faciat usque ad perfectam diem pius dominus omnium bonorum provisor et largitor, mentes quorundam excitavit ad incipiendum opus ibidem per quod bonum inceptum quasi adhuc consistens in pendulo sortiretur stabile fundamentum. Attenderunt autem dictae perso-*

---

*) *Gregor IX.* war Papst vom Jahre 1227, 19. März bis 1241, 21. August.

nae quod prae numerosa multitudine mulierum simul in domunculis ibidem habitantium tanta contiguitate constructa sunt earum cubicula, quod, aliqua earum in infirmitate jacente, aliae vel de necessitate infirmantur vel, quod inhumanum est,
Z. 29. *requie sive sopore privantur. Quid igitur faciunt pauperrimae omnis cibi potus ac vestitus solatio destitutae? Plus admirando seu compatiendo solvitur haec questio quam loquendo. Necesse est eis ut faciant de necessitate virtutem et dominus eis faciat in temptatione proventum. Ad subveniendum igitur praemissis incommoditatibus immo quam pluribus aliis, quas non est opus hic exprimi vel depingi, praefatae personae proposuerunt in praefato loco hospitale construi ad usum specialem religiosarum pauperrimarum et languentium vel aegrotantium, inter eas quae dicuntur Beghinae manentium, omni hominum excluso consortio, provisione loci penes mulieres industrias de mandato episcopi remanente. Nos vero sanctum attendentes et salubre propositum dictarum personarum earum justis et sanctis precibus annuen-*
Z. 46. *tes concedimus ibidem hospitale fieri ad praedictum usum sub protectione nostra et cura speciali, omnibus ibidem de bonis suis, sicut Deus inspiraverit, largientibus, secundum uniuscujusque devotionem, participationem omnium bonorum quae fient in*
Z. 51. *nostra dioecesi concedentes. Actum ann. domini M. CC. XXX. nono, mense Octobri.*

Bevor ich diese Urkunde erläutere, will ich erst noch einige andere bis zum Jahre 1244 anführen. Vom Anfange des folgenden Jahres 1240 sind vier Originalbriefe vorhanden, die aber nur die Bedeutung von zwei haben, und die wir alle vier unter der folgenden Nummer zusammenfassen. Es sind dies zwei Bullen des päpstlichen Legaten *Jacobus* mit 2 Begleitungsschreiben des Bischofs *Guido* versehen. In der ersten Bulle, welche anfängt.

II. A. ***Frater Jacobus miseratione divina Penestrinus Episcopus apostolicae sedis Legatus licet indignus dilectis in Christo Conventui Begginarum apud solatium beatae Mariae commorantium Cameracens. Dioeces. salutem in Domino***

nimmt ***Jacobus*** die Beghinen, ihren Wohnort und ihre Güter, gegenwärtige und künftige unter seinen Schutz. Sie ist datirt ***apud Latiniac. nonis Februarii 1240*** d. i. 5. Februar.

Das Begleitungsschreiben des Bischofs zu dieser Bulle fängt an:

a. ***Universis praesentes litteras visuris Guido Dei gratia Cameracens. episcopus aeternam in domino salutem. Noverit universitas vestra, quod nos vidimus litteras fratris Jacobi etc. quae subscripta sunt continentes: Frater*** u. s. w. Hier folgt eine wörtliche Abschrift der obigen Bulle mit dem Unterschiede, dafs nicht ***Begginarum***, sondern ***Beggkinarum*** geschrieben ist.

Die zweite Bulle des ***Jacobus***, genau von demselben Datum, ist ein Ablafsbrief in den gewöhnlichen Formeln:

B. ***Frater Jacobus etc. universis Christi fidelibus per Remensem*** (Reims) ***provinciam constitutis salutem in dom. etc. Cum igitur, sicut accepimus, dilectis filiabus Conventui Begginarum apud solatium beatae Mariae camerac. dioeces. ipsis ad sustentationem earundem propriae non suppetant facultates etc.***, so wird allen denen, die den Beghinen Almosen spenden, ein Ablafs von 30 Tagen ertheilt.

b. Diese Bulle ist ebenfalls von einem Schreiben des Bischofs *Guido* begleitet, das eine Copie derselben enthält. In dieser Copie steht ebenfalls ***Beghinarum***, auch ist das Datum ***Non. Febr.*** verändert in ***VI. Idus Febr.*** d. i. 8. Febr.

Diese vier Schreiben sind als unwichtige nicht in die alte Copiensammlung aufgenommen; wohl aber die folgende päpstliche Bulle:

III. ***Innocentius episcopus servus servorum Dei Dilectis in Christo filiabus Magistrae et sororibus domus hospitalis de Solatio sanctae Mariae cameracensis dioecesis salutem et apostolicam benedictionem. Solet annuere sedes apostolica piis votis, et honestis petentium desideriis favorem benevolum inpertiri. Eapropter dilectae in domino filiae vestris justis postulationibus grato concurrentes assensu personas vestras et locum in quo sub communi vita degitis cum omnibus bonis quae in praesentiarum rationaliter possidet aut in futurum justis modis praestante domino poterit adipisci, sub beati Petri et nostra protectione suscipimus, et praesentis scripti patrocinio communimus. Nulli ergo omnino hominum liceat hanc paginam nostrae protectionis infringere vel ei ausu temerario contraire. Si quis autem hoc attemptare praesumpserit, indignationem omnipotentis Dei et beatorum Petri et Pauli apostolorum ejus se noverit incursurum. Datum Lateran. IIII. Idus Febr. pontificatus nostri anno primo.***

Das bleierne Siegel trägt die Inschrift ***Innocentius Papa IIII.*** Die Bulle ist vom 10. Februar 1244, nicht vom Jahre 1243 wie *Sander* angiebt: denn ***Innocenz IV.*** wurde Papst 24. Juni 1243 († 1254). Die alte Copien-Sammlung bemerkt zu dieser Bulle die Jahreszahl 1228.

Dieselbe falsche Jahreszahl steht auch, von späterer Hand geschrieben, auf dem Rücken der Bulle selbst. Desgleichen enthält die alte Copiensammlung für das erste Schreiben *Guido's* das Datum 1230, *nono mensis Octobris* anstatt 1239, *mense Octobri*, und auf dem Rücken des Originals steht ebenfalls fälschlich 1230. 9. Octob.

Die Rückseite der beiden genannten Urkunden hatte also *Compaignon* im Auge, als er berichtete, im Jahre 1228 sei ein Hospital zu Steenvort bei Vilvorde gestiftet und 1230 vom Bischof von Cambray approbirt. Er mufs wohl gewufst haben, dafs im Jahre 1230 *Godefroy de Fontaine* Bischof von Cambray war *); deswegen setzt er diesen an die Stelle von *Guido*. Das war für *Compaignon* Kleinigkeit: wir werden ihn unten noch ein ganz anderes Kunststück ausführen sehen. Ich bin indefs im Zweifel, ob *Compaignon* die Urkunden zu lesen verstand. Es leidet aber keinen Zweifel, dafs *Wichmans* und *Sander* die Urkunden lesen konnten, und der letztere giebt das Datum richtig an und theilt aus dem Briefe *Guido's* die Stelle „*Ut igitur cujusdam principii*" bis „*mentes quorundam excitavit*" mit. Da es nun aber seit langer Zeit angenommen war, das Hospital sei 1228 von *Sophie*, Herzogin von Brabant, gestiftet, so wiederholten *Wichmans* und *Sander* hergebrachter Weise diese falche Nachricht. Hätten sie gewufst, dafs *Sophie* im Jahre 1228 erst 3 Jahre alt und in Deutschland war, so würden sie diese Unrichtigkeit fahren gelassen und die Wahrheit gesagt haben. Wie kommt es aber, wird man fragen, dafs *Wichmans* und *Sander* beide verschweigen, dafs es Beghinen waren, für die das Hospital gestiftet wurde und dafs sie nachher nur beiläufig und fälschlich erwähnen: *Tractu temporis sub-*

*) von 1218 bis 1236 oder 1237.

stitutae hoc in loco Begginae sunt etc. (siehe oben S. 57)? Antwort: Im Jahre 1468 hatten sich Carmeliter-Nonnen den Beghinhof von Steenvort schenken lassen, und die Beghinen, welche die Nonnen nicht mit Unrecht als fremde Eindringlinge betrachteten, hatten grofse Mühe sich neben dem Kloster zu behaupten. Es war aber im Interesse der Nonnen, die Beghinen und ihre alten wohlbegründeten Ansprüche soviel wie möglich zu ignoriren. Deswegen thaten auch noch im 17. Jahrhundert die kirchlichen Schriftsteller *Wichmans* und *Sander*, als ob die Beghinen gar nicht in Betracht kämen.

Nach diesen Zwischenbemerkungen wenden wir uns zur Erläuterung der Urkunde von 1239 selbst, um durch Erwägung der Umstände, unter denen sie geschrieben wurde, zu ermitteln, was man aus der Urkunde schliefsen darf und was nicht: denn für sich allein betrachtet, kann sie sehr leicht zu Fehlschüssen verleiten. Beim aufmerksamen Durchlesen drängen sich zwei Bemerkungen auf: 1) es ist durchaus nicht gesagt dafs *Sophie*, Herzogin von Brabant, das Hospital zu stiften beabsichtige, sondern es heifst nur *quidam* und nachher *praefatae personae*. 2) der Beschreibung des Bischofs zufolge sollte man glauben, dafs die Gegend von Vilvorde von Beghinen gewimmelt habe, so dafs sie sich einander erdrückten. Diese beiden Bedenken zeigen sich als irrig, wenn man erfährt, dafs dies Schreiben nichts anderes als die Abschrift eines Formulars ist, das in der bischöflichen Canzlei in Cambray für Concessionen zum Bau eines Hospitals für Beghinen bereit lag. Zu dieser überraschenden Notiz hat mich *Ryckel* verholfen, der p. 626—631 seiner *Vita S. Beggae* die ältesten Urkunden des Beghinhofs von Cambray mittheilt, die der Notar und Canonicus *Foulon* daselbst aus dem Archive des Beghinhofs im Jahre 1631 ausgezogen hatte. Diese älteste Geschichte des Beghinhofs von Cambray ist uns auch aus dem Grunde sehr willkommen, weil sie an einem belehrenden Beispiele zeigt, was für eine Vorstellung man sich von der Stiftung eines Beghinhofs zu machen habe.

Foulon theilt zuerst die Bulle *Gregor IX.* mit, auf die sich *Guido* zu Anfang unseres Schreibens bezieht. Sie ist an die *virgines continentes, per civitatem et dioecesin Cameracens. constitutas*, im Allgemeinen gerichtet und datirt *Lateran. II. Non. Junii Pontifict. nostr. ann. septimo* d. i. vom 4. Juni 1233. — Daſs unter den *virginibus continentibus* die Beghinen zu verstehen seien, sagt *Foulon*, geht aus einem Schreiben des Bischofs *Godefridus* von Cambray vom Jahre 1235 an die Beghinen von Cambray (*apud S. Salvatorem*) hervor, worin er denselben die Concession zum Bau eines Hospitals ertheilt. Dieses Schreiben ist die älteste Urkunde des Beghinhofs von Cambray. Unser Schreiben von *Guido* unterscheidet sich nun aber nur in folgenden Worten von dem bei *Ryckel* abgedruckten Schreiben von *Godefridus:*

	Guido.	Godefridus.
Zeile 1:	„*Guido*"	„*Godefridus*"
Zeile 6:	„*In Begghinarum habitu Deo serventium*"	„*In Begghinarum**) *habitu apud sanctum Salvatorem manentium*"
Zeile 15:	„*Ut igitur cujusdam principii diluculum incepti apud Solatium beatae Mariae prope Vilfordis crescere faciat*"	„*Ut igitur illius praefati principii diluculum crescere faciat*"

*) *Ryckel* schreibt natürlich *Begginarum*.

Guido.	*Godefridus.*
Zeile 29: „*Quid igitur faciunt*" bis „*in temptatione proventum*"	Dieser müſsige Zusatz fehlt in dem Schreiben von *Godefridus,* wenigstens nach *Foulons* Mittheilung.
Zeile 46: „*praedictum*"	„*praefatum*"
Zeile 51: „*Actum ann. dom. M. CC. XXX. nono, mense Octobri.*"	„*Actum ann. dom. incarn. M. CC. XXX. quinto, mense Januario.*"

Im Uebrigen stimmen die beiden Schreiben buchstäblich überein.

Fünf Jahre später, nämlich im Jahre 1240, nahm *Gregor IX.* in einer Bulle an die *Magistra ac Sorores Hospitalis* der Beghinen von Cambray dies Hospital in seinen Schutz.

Dasselbe that mit noch ausdrücklicheren Worten *Innocenz IV.* Anno 1246.

Eine ähnliche Bulle findet sich noch von *Urban IV.* Anno 1263. Diese drei Bullen sind bei *Ryckel l. c.* abgedruckt.

Der Beghinhof bei Cambray zählte schon im Jahre 1240 1300 Beghinen (*Ryckel p. 651*).

Bei einer solchen Zahl paſst die Beschreibung, die das bischöfliche Schreiben von dem Gedränge der Beghinen macht, allerdings auf Cambray recht gut, wofür es auch wahrscheinlich zuerst entworfen wurde, aber sehr wenig auf Vilvorde, wo nach *Gramaye's* Bericht die Zahl der Beghinen in den blühendsten Zeiten nicht über 200 betrug. Der Beghinhof bei Vilvorde, einer kleinen Landstadt, war stets eine sehr bescheidene Anstalt. Es ist nicht unwahrscheinlich, daſs das Hospital, dessen Bau *Guido* im Jahre 1239 erlaubte, nur für sieben Personen errichtet wurde: denn abgesehen davon, dafs in mehreren handschriftlichen Erzählungen über die Stiftung des Beghinhofs von Steenvort vom Jahre 1600 (ungefähr) angegeben wird, *Sophie* habe ein Hospital für sieben alte Frauen gestiftet, so kommt auch die Zahl von sieben zu verpflegenden Kranken mehrere Male in Contracten der Beghinen mit den Nonnen vor, namentlich im Jahre 1468, 1477 und 1553. Immer haben aber der Beghinhof von Cambray und der von Vilvorde das mit einander gemein, dafs ihre Entstehung von der Stiftung eines Hospitals datirt wird. Fünf Jahre später nahm *Gregor IX.* den Beghinhof von Cambray, nämlich im Jahre 1240 in seinen Schutz. Dasselbe that für den Beghinhof von Vilvorde *Innocenz IV.*, ebenfalls fünf Jahre nachher, nämlich im Jahre 1244.

Dafs nun aber schon vor der Stiftung des Beghinhofs von Vilvorde im Jahre 1239 Beghinen in der Gegend vorhanden waren, darf uns nicht befremden; es ist vielmehr ganz in der Ordnung, wenn man sich vergegenwärtigen will, auf welche Weise überhaupt die meisten Beghinhöfe gestiftet worden sind. Man bauete nicht einen Beghinhof und verpflanzte dann Beghinen in denselben hinein, sondern es waren zuerst Beghinen vorhanden, die dann gelegentlich zu einem gemeinschaftlichen Besitz dadurch gelangten, dafs Jemand ihnen eine Schenkung oder Fundation machte.

Der Sinn für das Leben der Beghinen nach dem Beispiel der Lütticher verbreitete sich in der ersten Hälfte des 13. Jahrhunderts durch ganz Belgien und namentlich in der ärmeren Klasse der Bevölkerung. Ich erinnere hier an die oben S. 36 mitgetheilte Stelle aus dem Schreiben der Canonici von Nivelles Anno 1628: *„ex archivis nostris constat, fere pauperioribus tantum mulieribus nomen illud olim fuisse tributum, prout etiamnum tribuitur, quibus circa annum 1275* *unum et 1281 alterum ac postea adhuc duo hospitalia fuerunt erecta.*" Ferner an die S. 41 angeführte Stelle aus dem alten *Chronicon Grimbergense*: „*Circa annum Dom. 1207 mulieres in his partibus incipiebant mundum relinquere et vocabantur Beghinae, quae in initiis multas habuerunt difficultates.*" Das ist *in nuce* die älteste Geschichte des Beghinhofs von Vilvorde und der meisten anderen. Ehe nicht ein gemeinschaftlicher Besitztitel vorhanden, war von keinem Beghinhofe die Rede. Fragt man z. B. *Ryckel*, wann der Beghinhof in Courtray gestiftet ist, so giebt er als Antwort (p. 331) eine Urkunde der Gräfin *Johanna* von Flandern vom Jahre 1241, wodurch dieselbe ein Haus an Beghinen in Courtray schenkt. Daher sagt er, der Beghinhof sei von *Johanna*, Gräfin von Flandern gestiftet. Für die Beghinen von Vilvorde sowie für die von Cambray war das Hospital, das man ihnen bauete, der erste Mittelpunkt, um den sie sich als Körperschaft sammelten, und der für die vilvorder auch stets ihre wichtigste Besitzung blieb, wie aus einer Menge von Documenten hervorgeht. Ueber den Ursprung des Beghinhofs von Vilvorde war im Beghinhofe selbst nicht der mindeste Zweifel.

Ein Rechtsgutachten vom Ende des 16. Jahrhunderts über den Streit der Beghinen und Nonnen fängt so an:

„*Beghinagium Consolatricis Mariae in Poethia fundatum est circa ann. 1228 a Domina Sophia, uxore Henrici II. Ducis Brabantiae, muris ab ea circumseptum, a successoribus Principibus conservatum ac dotatum*" *etc.* (In dieser Stelle ist die Jahreszahl 1228 durchgestrichen und dafür von einer späteren Hand an den Rand geschrieben: *circa annum 1240*). Hierin ist also ausdrücklich gesagt, dafs die Ringmauer wodurch die Häuser der Beghinen gegen die Umgebung abgeschlossen und dadurch zu einem Beghinhofe gemacht wurden, von *Sophie* herrührt. Dafs das Schreiben *Guido's* in der alten Copiensammlung die Ueberschrift hat: „*Prima fundatio Beghinarum prope Filforden*" habe ich schon S. 64 angeführt.

Endlich habe ich in dem alten flämischen Stockbuche vom Jahre 1427 folgende vollkommen beweisende Stelle gefunden fol. XXX. S. 2: „*de gemeynte moet betalen den prochiaen van Poetye X sous lovensch, alsoe een brief inhout, in de welken verklaert es, hoe de prochiaen van potie vorscreve heeft den chyns opt hof voor alle syn Recht dat hy hadde int beghynhof als dat yerste begonste int jaer MCC ende XXXIX.*

Das soll heifsen: Es ist ein Brief vorhanden, wonach dem Pastor der Kirche von Peuthy (in dessen Kirchspiel Steenvort lag) jährlich eine Abgabe von 10 Sous bezahlt werden mufs anstatt aller Ansprüche, die er auf den Beghinhof seit seiner ersten Stiftung im Jahre 1239 hatte. Somit ist es urkundlich bewiesen, dafs der Beghinhof bei Vilvorde vor dem Jahre 1239 nicht existirte. Der Zweifel, welchen man etwa noch hätte hegen können über die Triftigkeit der von uns für die Bedeutung des Schreibens *Guido's* vom Jahre 1239 als Stiftungs-Urkunde des Beghinhofs vorgebrachten Gründe, wird durch diese letzteren durchaus unzweideutigen Zeugnisse völlig gehoben.

Da nun die alte Sage von der Stiftung des Beghinhofs von Steenvort und vom Ursprunge des Namens durch die Schenkung eines Marienbildes durch die Herzogin *Sophie* genau übereinstimmt 1) mit dem Datum der ältesten Urkunde des Beghinhofs und 2) mit der durch eine genaue historische Untersuchung (siehe oben

S. 54 — 56) festgestellten Chronologie der profanen Geschichte, so ist dagegen vernünftiger Weise nichts einzuwenden. Eben so gut wie *Sophie* im Jahre 1240 das Hospital von Löwen stiftete, konnte sie auch im Jahre 1239 für hülfsbedürftige Beghinen, die sie bei Vilvorde fand, den Platz und die Mittel zu einem Hospitale anweisen lassen, auch diesen Beghinen ein Marienbild schenken und verordnen, das zu errichtende Hospital solle den Namen *de Solatio beatae Mariae* führen. Nehmen wir z. B. nur an, *Sophie* sei als neuvermählte Herzogin in der Mitte des Jahres 1239 im vilvorder Schlosse angekommen, zwei Monate dort geblieben und dann Anfang September zu ihrem Gemahle, der zwischen Maas und Rhein Krieg führte, gereist, so hatte sie hinlängliche Zeit gehabt, die nöthigen Verordnungen zu machen, damit der Bischof von Cambray im October die Erlaubniss zum Bau jenes Hospitals zu geben Veranlassung hatte.

So tritt also der Ursprung des Beghinhofs bei Vilvorde in die ganz gewöhnliche Reihe aller übrigen Stiftungen von Beghinhöfen zurück. Er fällt in die Zeit, die man nach unpartheiischer Erwägung der Angaben, die sich bei den Schriftstellern vor 1630 finden, ungefähr vermuthen konnte. Siehe oben S. 41. — Als ich jene Vermuthung niederschrieb, ahndete ich nicht, dass es möglich sein würde, die Geschichte dieser verschollenen Anstalt aus den Urkunden zu schreiben.

Wir verfolgen nun die Geschichte der weiteren Entwickelung des jungen Beghinhofs von Steenvort und werden dabei noch mehrere Male Gelegenheit haben zu sehen, wie stark sich die Löwener sowohl für die Haupt-Urkunde von 1065 als auch für die beiden andern von

1129 und 1151 verrechnet haben. Den Inhalt derselben werden wir am Ende dieser Periode näher beleuchten.

Die nächste Urkunde, der Zeit nach, ist eine Ablafsbulle des Legaten *Hugo* vom Jahre 1252:

IV. *Universis Christi fidelibus per regnum Alamaniae constitutis ad quos praesentes litterae perveniunt Frater Hugo miseratione divina tituli sanctae Sabinae presbyter cardinalis, apostolicae sedis legatus salutem .... Cum igitur, sicut dilectae in Christo magistra et collegium Beginarum Hospitalis de Solatio sanctae Mariae juxta Filvorde camerac. dioeces. nobis exponere curaverunt, ad sustentationem ipsarum fidelium suffragia noscantur plurimum opportuna* . . . . so werden allen, die denselben Almosen geben, vierzig Tage an ihren Pönitenzen erlassen . . . . *Datum Cameraci Kal. Juniis, Pontificatus Dom. Innocentis papae IV. anno IX* d. i. am 1. Juni 1252.

Von demselben Frater *Hugo* druckt *Ryckel* p. 178 ein Schreiben an die Beghinen *de Vinea juxta Bruxellam* vom 10. Juli 1253 ab, wodurch dieser Legat die Güter derselben in seinen Schutz nimmt.

Aufserdem fand ich bei *Ryckel* p. 175 ein Schreiben desselben *Hugo* zu Gunsten der antwerpener Beghinen vom 11. Juni 1252 citirt: „*ubi largitur Indulgentias 40 dierum universis Christi fidelibus per regiones Alamaniae constitutis qui Begginis* *) *de Syon juxta Antverpiam ad consummationem ecclesiae suae eleemosynas erogaverint.*"

Dafs die vilvorder Beghinen ungefähr um dieselbe Zeit wie die antwerpener beschäftigt waren, eine Kirche

*) So schreibt *Ryckel*. Da aber *Hugo* in unserm Original vom 1. Juni *Begina* schrieb, so wird er wohl am 11. desselben Monats noch dieselbe Schreibart beobachtet haben.

oder Capelle zu bauen, erfahren wir aus folgendem Documente:

V. *Petrus miseratione divina sancti Georgi ad velum aureum Diaconus Cardinalis, apostolicae sedis Legatus Universis Christi fidelibus intra legationis nostrae terminos constitutis . . . . . Cum igitur, sicut dilectae in Christo Magistra et conventus Beginarum de Solatio sanctae Mariae juxta Filvorde camer. dioeces. sua nobis petitione monstrarunt, eaedem quandam ecclesiam, ubi reddant debitum domino famulatum, inceperint aedificare de novo opere sumptuoso ad quod propriae non suppetunt facultates,* so wird allen denen, die ihnen Almosen geben, ein 3[illegible]tägiger Ablafs ertheilt. *Datum Antverpiae Non. Octob. ann. dom. 1254,* also am 7. Oct.

Hierauf folgt eine Originalbulle *Urban's IV.,* woraus hervorgeht, dafs die vilvorder Beghinen noch in den folgenden Jahren nur eine kümmerliche Existenz hatten. Ich schreibe sie, weil sie nur kurz ist, ganz ab:

VI. *Urbanus episcopus servus servorum Dei Dilectis in Christo filiabus magistrae et conventui domus Beginarum Inclusarum beatae Mariae juxta Filvordis camerac. dioeces. salutem et apostolicam benedictionem. Tenuitatem redditnum et proventuum vestrorum qua convenit sollicitudine attendentes, ac propter hoc volentes alicujus relevationis solatio vos gaudere, auctoritate vobis praesentium indulgemus, ut ad praestationem aliquarum collectarum, subsidiorum et aliarum exactionum quae laicis illarum partium consueverunt imponi, minime teneamini. Nulli ergo etc. ... incursurum. Datum Viterbii X Kal. Junii Pontif. nostr. anno primo.*

Das bleierne Siegel trägt die Inschrift: *Urbanus papa IV.* Die Bulle ist also vom 23. Mai 1262. — Auf dem Rücken steht fälschlich 1247.

Die bis jetzt aufgeführten Urkunden sind im Original vorhanden. Drei von ihnen, nämlich das Schreiben *Guido's* von 1239 und die beiden Bullen von *Innocenz IV.* und *Urban IV.* sind in die alte Copiensammlung aufgenommen, in welcher sich die Ablafsbriefe wegen ihrer geringeren Wichtigkeit nicht mit finden. Der folgende Brief des Bischofs *Heinrich* von Mastricht findet sich im Urkundenbuche fol. XXVII. Er bezieht sich auch noch auf die Kirche oder Capelle von Steenvort.

Henricus *) *Dei gratia Trajectensis Episcopus ... omnibus qui ad Capellam dilectarum in Christo Begginarum de Steenvort juxta Vilvort causa devotionis accesserint vel dederint aut miserint ad opus dictae Capellae et Begginarum ipsarum pias eleemosynas, 20 dies de poenitentiis relaxamus .... Datum apud Vilvort ann. Dom. M.CC. sexagesimo quinto in die beati Nicolai* d. i. am 6. December 1265 von Vilvorde datirt, wo dieser Bischof sich zufällig befunden haben mufs.

Nun folgen wir der alten Copiensammlung fol. II. Dieselbe enthält zunächst eine Bulle von *Clemens IV.* an den Pfarrer der Kirche von Peuthy gerichtet, worin die erste Erwähnung einer Erwerbung von Ländereien für den Beghinhof von Steenvort vorkommt.

Clemens episcopus servus servorum dei dilecto filio Waltero Rectori ecclesiae de Potya camerac. dioeces. salutem et apostol. benedict. Exhibita nobis ex

---

*) Dieser *Henricus* mufs der uns schon bekannte *Henricus Gueldrus* sein, der vom Jahre 1247 — 1274 Bischof von Lüttich, Tongern und Mastricht (*Trajectum, Mosaetrajectum*) war.

parte tua petitio continebat, quod tu, ecclesiae tuae meliora prospiciens et ipsius utilitatem attendens, quasdam terras ejusdem ecclesiae cum Beghinis de Filforde mulieribus camerac. dioeces. pro quibusdam aliis suis possessionibus, ipsi ecclesiae magis utilibus, ejusdem ecclesiae nomine de consensu venerabilis fratris nostri cameracens. episcopi ac sui capituli permutasti, prout in litteris inde confectis dicitur contineri. Nos itaque tuis supplicationibus inclinati permutationem hujusmodi sicut proinde facta est ab utraque parte sponte recepta, ratam habentes et firmam ipsam auctoritate apostolica confirmamus et praesentis scripti patrocinio communimus. Nulli igitur etc. . . . incursurum. Datum Perusii IIII Non. Julii, pontif. nostri anno primo, d. i. vom 4. Juli 1265, denn *Clemens IV.* regierte vom 5. Febr. 1265 — 29. Nov. 1268.

Hierauf finden sich in der alten Sammlung folgende Bemerkungen:

Sub isto Clemente dicitur habuisse principium cura pastorum vel parochianorum beghinarum, prout reperitur in missali et aliis antiquis scriptis sive litteris.

*Honorius IV.**) *concessit bullam, quam habet abbas, de collatione beneficii et alia administratione Beghinagii, sed inconvenienter utitur administratione hujusmodi, prout hoc rei veritas, si fas esset, probaret.*

*Tempore Bonifacii VIII.***) *Gwilhermus episcopus Cameracensis concessit abbati Sancti Bernhardi, prout sequitur, administrationem temporalium et spiritualium Beghinagii filfordensis, quam etiam non exercet seu exercuit, si fas est dicere, prout commissio cavit. Sequitur copia commissionis:*

---

*) regierte von 1285 2. April — 1288.

**) 1294 24. Dec. — 1303.

Gwilhermus *) *dei gratia cameracensis episcopus Religioso viro et carissimo in Christo filio abbati monasterii Sancti Bernhardi Cisterciensis ordinis salutem cum dilectione sincera . . . . prudentiae vestrae committimus et mandamus, quatenus provisionem curtis Beghinarum de Solatio beatae Mariae juxta Filfordiam, quarum novella plantatio discreti regiminis exigit fulcimentum . . . . . tam ferventer quam efficaciter intendatis, curam earum tam in spiritualibus quam temporalibus sic regendo, quod locus ipsarum sit in spiritualibus floridus et in temporalibus fructuosus . . . . Datum ann. dom. 1294 feria quinta in festo Martini hyemali* (11. Nov.)

Haec littera junior est in annis decem **) *quam bulla domini nostri Honorii IV., concessa abbati ut praescribitur de administratione Curtis Beghinarum. Si igitur bulla sufficit, prout abbas dicit, videtur haec littera superflua esse.*

Clemens V. ***) *delevit Beghinas ab ecclesia dei propter suam heresin et inobedientiam prout patet in Clementinis etc.* — Siehe *Clementin. Lib. III. Tit. IX.*

Quod enim mulieres seu beghinae beghinagii filfordensis sententiam excommunicationis, obviantes constitutioni Clementis praescripti, ipso facto inciderint, patet per absolutionem sive per litteras cujus copia sequitur:

Frater Johannes dei gratia Visionensis episcopus, commissarius reverendi in Christo domini patris Came-

---

*) Scheint die alte Form für *Guilhelmus* zu sein. *Guilhelmus*, Bischof von Cambray, † wahrscheinlich Anno 1296. Siehe *Gallia christiana Tom. III. Paris* 1725. *fol. p.* 39.

**) Diese Rechnung ist ungefähr richtig.

***) 1305, 14. Nov. — 1314, 20. April. Unter ihm wurde das Concil von Vienne gehalten vom 16. Oct. 1311 — 6. Mai 1312.

racensis episcopi . . . . dilecto Decano Christianitatis Bruxellensis in domino salutem. Cum domicellae seu mulieres, quae Beghinae vocari consueverunt, in curte quae solatium nuncupatur prope Filfordiam camerac. dioec. summam excommunicationem inciderint, obviantes constitutioni felicis recordationis domini Clementis papae V., qua earum status condemnatus est et abolitus, habitum Beghinagii deferendo seu alia quaecunque ad dictum statum pertinentia faciendo, ... vobis committimus quatenus dictas domicellas, reatum suum confitentes, ... in forma ecclesiae absolvatis . . . . Datum Machliniae in festo beat. Katherinae an. dom. M.CCC.XIX, d. i. 25. Nov. 1319.

Johannes XXII. *) *pro recuperatione Beghinarum fecit constitutiones extravagantes quae sequuntur:*

Siehe diese Bulle, die vom *2 Kal. Januar. pontif. anno V,* also vom 31. Dec. 1320 datirt ist, bei *Miraeus Op. Diplomat. I. p. 215.*

Hier folgt noch eine besondere Bulle an die brabanter Beghinen, worin *Johannes XXII.* dieselben mit den gewöhnlichen Ausdrücken in seinen Schutz nimmt.

Benedictus XII. **) *pontificatus sui anno II fecit constitutionem extravag. de Beghinis quae incipit: Recta ratio non patitur etc. Dat. Avenione XIIII Kal. Febr. pontif. ann. II,* d. i. 19. Jan. 1336.

Hiermit schliefst die alte Copiensammlung.

Aus der Mitte des 14. Jahrhunderts finde ich noch im Urkundenbuche ***) ein vom 14. Februar 1353 datirtes Schreiben aus Avignon, worin 13 Bischöfe und 1 Erzbischof 40 Tage Ablafs allen denen ertheilen, die

---

*) 1316, 5. Sept. — 1334, 4. Dec.

**) 1335, 8. Jan. — 1342.

***) Fol. XXV.

die *Ecclesiam beatissimae et gloriosissimae Virginis de Solutio foris Filfordiam* besuchen oder sich auf irgend eine Weise um dieselbe verdient machen werden. — Der Bischof *Petrus* von Cambray bestätigt diesen Ablafsbrief in einem Schreiben *datum in nostro castello cameracensi die XIII mensis Octobris anno domini 1353.*

Aus dem 15. Jahrhundert giebt uns das Stockbuch durch die Rubriken, die es enthält, eine ungefähre Uebersicht von dem Zustande, in dem sich der Beghinhof von Steenvort am Ende seines zweiten Jahrhunderts befand. In der kurzen lateinischen Vorbemerkung wird gesagt, dies Verzeichnifs der *bonorum immobilium et redditunm* sei verfertigt unter Mitwirkung des Abtes *Petrus S. Bernhardi ad Scaldam,* als *conservator* und *gubernator* der Anstalt; des *curatus Henricus Stephani,* der zugleich *procurator et receptor bonorum* war; und des ganzen *magistratus.*

Wir sehen daraus, dafs die Aebte von *St. Bernhard* an der Schelde die ihnen um das Jahr 1285 vom Papste *Honorius IV.* und im Jahre 1294 noch einmal vom Bischofe von Cambray übertragene Oberaufsicht über den Beghinhof wenigstens dem Namen nach fortsetzten.

Der *Curatus Henricus Stephani* oder *Heinrick Stevens* scheint sehr thätig und lange für die zeitlichen Güter des Beghinhofs gearbeitet zu haben. Ich finde ihn zuerst erwähnt in einer Verschreibung vom Jahre 1397 und dann wieder in Briefen vom Jahre 1410, 1415 und 1421 als *Curatus curtis beghinarum, Curatus ecclesiae curtis beghinarum;* fläm.: Prochiaen oder Parochiaen van den beghinen van steenvoert bi vilvoerden. Vielleicht hat er selbst dies Stockbuch geschrieben. Dasselbe enthält folgende Punkte:

1) die *bona spectantia ad ecclesiam beghinarum.*

2) *bona spectantia ad curatum seu curam ejusdem ecclesiae.*

3) *ad capellaniam.*

Die erste Erwähnung eines Caplans finde ich in der ältesten Originalverschreibung vom Jahre 1292, worin die *domina Elisabeth de Grimbergis dicta de Nova Curia* die Einkünfte von vier *bonaria**) Land anweist *ad opus infirmariae beginarum de Solatio beatae Mariae juxta Filfordiam, tanquam ad capellaniam missae animarum, videlicet ad sustentationem capellani missam celebrantis.*

Eine zweite Erwähnung einer *capellania* kommt in einer Verschreibung vom Jahre 1425 vor, wo es heifst „*Dominus Henricus dictus Vandernat presbyter recepit nomine et ad opus capellaniae fundandae in honorem beatae Mariae virginis in beghinagio de steenvort juxta filfordiam supra altare sancti Anthonii ibidem*" etc.

Vermuthlich war der Caplan oder die Caplane eine Art von Vicar, der für den Pastor den Gottesdienst verrichten konnte.

4) *ad custodiam* (d. i. die Beghine, welche das Amt des Küsters hatte) *et cantatrices sive scolares.*

5) *ad infirmariam.* Das Hospital des Beghinhofs, die älteste Stiftung, hatte die meisten Güter. In mehreren alten Verschreibungen, z. B. der oben angeführten von 1292, steht statt *beghinagium de Solatio beatae Mariae* nur *infirmaria de Solatio b. M.* als der hauptsächliche Bestandtheil des Beghinhofs. Gegen das Ende des 14. Jahrhunderts heifst es gewöhnlich „*ad opus infirmariae* oder *infirmarii curtis beghinarum.*"

*) franz. *boniers*, Morgen.

6) *ad mensam sancti spiritus et ad totam communitatem.*

Ueber die *mensa sancti spiritus* habe ich durchaus keine Originalverschreibungen gefunden. Dies erklärt sich daher, weil die Beghinen stets im Besitze dieses Theils ihrer Güter blieben, wie wir unten sehen werden, und daher auch, bei der völligen Trennung von den Nonnen, die darauf bezüglichen Documente mitgenommen haben werden.

Aus dem Stockbuche aber erfahren wir durchaus keine Jahreszahlen. Es ist darin immer nur gesagt: über diesen Punkt ist ein Brief vorhanden, aber es ist kein Datum beigefügt. — Nur in einer Verschreibung vom Jahre 1434 finde ich bei einer andern Gelegenheit die *bona mensae s. spirit.* beiläufig erwähnt.

7) *Census sive redditus quos solvere debet ecclesia vel infirmaria praedicta aut mensa s. spiritus domino Duci Brubantiae sive aliis quibusdam.*

8) *ultimo ponentur privilegia et constitutiones ejusdem beghinagii.* Von dem unter dieser Nummer Versprochenen habe ich im Stockbuche nichts finden können.

Aus der vorstehenden actenmäfsigen Darstellung ergiebt sich nun folgende kurze Uebersicht der älteren Geschichte des Beghinhofs *de Solatio beatae Mariae* bei Vilvorde:

I. 1239. Stiftung des Beghinhofs. Siehe die Concession *Guido's* von demselben Jahre. Ferner die S. 74 citirte Stelle des Stockbuchs fol. XXX und den S. 73 citirten Anfang des Rechtsgutachtens.

II. 1240. Schutzbrief des Legaten *Jacobus* und Aufruf zu Beiträgen für den unbemittelten Beghinhof.

III. 1244. Erste päpstliche Schutzbulle v. *Innocenz IV.*

IV. 1252. Aufruf des Legaten *Hugo* zu mildthätigen Gaben für den Beghinhof.

V. 1254. Anfang des Baues eines Gotteshauses.

VI. 1262. Bulle *Urbans IV.* zur Befreiung des Beghinhofs von gewissen Abgaben, seiner geringen Einkünfte wegen.

1265—1268. Beendigung des Baues des Gotteshauses (siehe das Schreiben des Bischofs *Henricus*) und erste Einsetzung eines *pastor beghinagii* (alte Copiensamml. fol. II.).

1292. Erste Erwähnung eines Caplans.

1294. Uebertragung der Oberaufsicht über die Verwaltung des Beghinhofs als einer jungen Pflanzung an den Abt von St. Bernhard. Diese Oberaufsicht bestand noch 1427, wenigstens dem Namen nach.

1319. wird den Beghinen verziehen, dafs sie die Verdammungsbulle *Clemens V.* nicht auf sich bezogen haben.

1353. Schreiben von 14 Bischöfen aus Avignon zur Verherrlichung der Kirche der *beatiss. et gloriosiss. Virg. de Solatio.*

1427. Das Stockbuch von diesem Jahre zeigt, dafs der Beghinhof endlich zu einem mäfsigen Wohlstande gelangt war.

In dem Vorstehenden sind vorzüglich noch zwei Stellen enthalten, welche auf den Widerspruch des Inhalts der löwener Urkunden mit dem Datum derselben ein helles Licht werfen:

Wenn der Bischof von Cambray den Beghinhof bei Vilvorde, der während der ersten 50 Jahre nur auf eine kümmerliche Weise seine Existenz fristete, im Jahre 1294 eine *novella plantatio* nennt, *quae discreti regiminis exigit fulcimentum*, so läfst sich das begreifen. Es wäre aber absurd dasselbe zu sagen von einer Anstalt, die schon vor ungefähr drittehalb Jahrhunderten in einem blühenden Zustande sich befunden hätte. — Die Stelle aus dem Stockbuche würde schon allein hinreichen, die Falschheit der löwener Urkunden zu beweisen: neben dem Schreiben des *Gwilhermus* werden sie noch obendrein lächerlich.

Zweitens wissen wir aus dem Archive des alten Beghinhofs, dafs die Stelle eines Pastor erst in oder nach dem Jahre 1265, nach Beendigung des Gotteshauses, entstand. Urkunden, die von dem Pastor des Beghinhofs handeln, können also nicht von 1065 oder von 1151 sein.

Auch die Erwähnung von mehr als einer *magistra* in der ersten und dritten Urkunde scheint einer spätern Zeit des Beghinhofs anzugehören: denn in der ersten Zeit seines Bestehens ist höchst wahrscheinlich nur eine *magistra* dagewesen. Von zweien finde ich im Jahre 1481 und 1553 Erwähnung.

Ich mache diese letzteren und die folgenden Bemerkungen nicht etwa, weil ich es für nöthig hielte, dem von mir geführten vollständigen Beweise von der Falschheit der löwener Urkunden noch etwas hinzuzufügen, sondern nur um ungefähr zu bestimmen, aus welcher Zeit dieselben herrühren können. Ich glaube nämlich keineswegs, dafs die ganzen Urkunden, die von *Puteanus* und *Ryckel* bekannt gemacht wurden, ein Fabricat dieser beiden klugen Leute sind, sondern dafs man Urkunden aus dem Beghinhof genommen und nur die Jahreszahlen derselben zweckmäfsig verfälscht habe. In Bezug auf die Jahreszahlen erlaube ich mir die unmafsgebliche Bemerkung, dafs sie sich noch alterthümlicher würden ausgenommen haben, wenn man die beiden letzten Stellen oder doch wenigstens die letzte nicht mit Ziffern, sondern mit Buchstaben ganz ausgeschrieben hätte: denn in den älteren Documenten, die ich gesehen, war dies immer gethan. Unter den Original-Verschreibungen, meist Schöffenbriefen, die ich durchgesehen, waren zwei vom Ende des 13. Jahrhunderts, nämlich von 1292 und 1294, drei aus der ersten Hälfte des 14., elf aus der zweiten Hälfte des 14. Jahrhunderts, sechs von 1400 bis 1427; auf die späteren habe ich weniger geachtet. Die meisten Erwerbungen scheint der Beghinhof also in den Jahren 1350 — 1450 gemacht zu haben. Ich habe auf die Namen der Schöffen geachtet und in zwei Briefen vom Jahre 1413 einen *Johannes Coman* gefunden, der vielleicht dem *Joann. Conam* der löwener Urkunde von 1129 nicht ganz fremd ist. Die Namen von Ortschaften *Cuyebrugge*, *Loeshove* und *pagus Semsius* kommen in den noch vorhandenen aber aus der Zeit des Klosters stammenden Kartenbüchern (*Kaert-boeck*), so viel ich weifs, nicht vor, wahrscheinlich weil die dahin gehörigen Aecker der *mensa s. spiritus* angehörten.

VI. Capitel.

Dritter Beweis: aus dem Charakter der Schrift der angeblich ältesten Urkunde. — Fortsetzung der urkundlichen Geschichte des vilvorder Beghinhofs.

Die Haupturkunde von 1065 bietet indefs der Beurtheilung noch eine Seite dar, von der es zu verwundern ist, dafs man sie nicht früher schon ins Auge gefafst hat. Dies ist der Charakter der Schrift des Originals, den *Smet* in dem *Fac-simile* möglichst treu wiedergegeben zu haben versichert. Der erste Schriftkundige, dem ich das *Fac-simile* vorlegte mit der Bitte mir zu sagen, ob sich darin ein bestimmtes Jahrhundert erkennen liefse, war Herr Prof. *Bock* in Brüssel. Nachdem derselbe das Document einen Augenblick angesehn, sprach er sich für das 14. Jahrhundert aus und da ich ihn auf das frühe Datum aufmerksam machte, antwortete er, es sei gar kein Gedanke daran, dafs diese Urkunde aus dem 11. stamme. Ich fragte darauf Herrn *Marchal*, Conservator der burgundischen Bibliothek, doch ohne ihm das Urtheil des Herrn *Bock* mitzutheilen. Derselbe setzte die Schrift in das Ende des 14. oder den Anfang des 15. Jahrhunderts. Hiermit noch nicht zufrieden, wandte ich mich an meinen Freund, den in den holländischen, belgischen und nordfranzösischen Bibliotheken wohlbewanderten Herrn Dr. *Bethmann*, der sich die beiden letzten Jahre ausschliefslich mit Untersuchung der Manuscripte jener Länder für die *Monumenta Germaniae* beschäftigt hat. Ich schickte ihm eine genaue

Durchzeichnung des *Fac-simile*, doch mit Weglassung der Jahreszahl, nach Hannover und bat mir, ohne ihn von der Bewandnifs, die es mit dieser Urkunde habe, zu unterrichten, eine Bestimmung ihres Alters aus. *Bethmann* fand die meiste Wahrscheinlichkeit für das Ende des 14. Jahrhunderts. Herr Archivrath *Pertz*, jetzt Ober-Bibliothecar in Berlin, den *Bethmann* alsdann um sein Urtheil fragte, neigt sich mehr für das 15te; doch müfste man das Original sehen.

Diese Uebereinstimmung der Kenner, nicht etwa hinsichtlich einer wichtigen Urkunde aus einer bekannten Schriftschule, sondern in Betreff des Productes eines obscuren Scribax in einem Winkel von Brabant scheint mir höchst merkwürdig. Die Zeit von 1350—1450, die sich ergiebt, wenn wir die vorstehenden Urtheile zusammenfassen, ist nun auch gerade die Zeit, in welche die meisten Urkunden des Beghinhofs fallen.

So vereinigt sich Alles, diese unheiligen Eindringlinge aus dem Tempel der Geschichte hinauszuwerfen, in dem sie länger als 200 Jahre zum Aergernifs der ehrlichen Leute sich breit gemacht haben. Ob alle die Sieben, die sich für die Aechtheit der Urkunde von 1065 schriftlich verbürgten, um die Falschheit derselben wufsten, oder ob fünf unter ihnen von den beiden andern hinters Licht geführt wurden, und *Puteanus* und *Ryckel* allein sich in die Vaterschaft dieses Machwerks theilen, darüber mufs ein Jeder denken, was ihm gut dünkt. Ich neige mich mehr für die letztere Meinung, weil ich nicht ohne Noth so hohe Würdenträger für Lügner halten mag, und dann auch wegen der grofsen Einfältigkeit des ganzen Unternehmens. Denn es ist in der That schwer zu entscheiden, ob die Bosheit oder die Dummheit dieser Fälschung gröfser ist. Im glücklichsten Falle beweisen diese Urkunden für die Hauptsæche — Nichts.

Die heilige Begga bleibt nach wie vor höchst unschuldig an der Stiftung der Beghinen; wenn es auf diese Urkunden ankäme, so könnte eben so gut jeder beliebigen Person vor 1065 die Ehre dieser Stiftung beigelegt werden. Die Urheber des Betrugs gewannen dadurch nichts als die Schadenfreude, die wohlbegründeten Ansprüche des *Lambertus-le-Begues* scheinbar zerstört und dem wackern *Coens* gewaltsam den Mund gestopft zu haben. Eine solche absichtliche Verstockung gegen die erkannte Wahrheit ist es aber, worin die „Sünde gegen den heiligen Geist" besteht, für die uns Niemand Nachsicht zumuthen darf, weil sie selbst im Himmel nicht vergeben wird.*)

II. Periode. Geschichte desselben Beghinhofs vom Jahre 1468 bis zu seiner wirklichen Aufhebung durch die Franzosen im Jahre 1796; in Verbindung mit der Geschichte des im Jahre 1468 auf Kosten des Beghinhofs gestifteten Carmeliter-Nonnenklosters, welches noch jetzt in Vilvorde unter dem Namen *Notre Dame de Consolation* besteht.

Quellen:

Die Hauptpuelle für diese Periode ist das vom Ende des 15. Jahrhunderts stammende Urkundenbuch. kl. fol. 90 Blätter, Papier mit Pergamentumschlag, der die Inschrift trägt: Die fondatie van den beggyn-hove en cloostere van O. L. Vr. van troost met copyen van de oúste Brieven en Bullen van hún beyde. Dies Buch enthält zuerst eine Abschrift der von uns für die erste Periode benutzten alten Copiensammlung; dann folgen ein paar ebenfalls oben angeführte Schreiben vor 1468 und danach die zahlreichen auf den Streit der Beghinen und

---

*) Matth. XII. 31, 32.

Nonnen bezüglichen theils flämischen theils lateinischen Documente von 1468 — 1481 in ihrer ganzen Weitschweifigkeit. Dieser Streit ist aber die Hauptsache in der II. Periode. Das Urkundenbuch enthält auch fol. LXXVII — LXXX eine kurzgefafste Erzählung desselben: ***Instructio processus sororum reclusarum in Peuty juxta Vilvordiam contra beghinas ibidem commorantes.***

Als Leitfaden durch das Urkundenbuch kann ein ganz kurzes Rechtsgutachten gebraucht werden, dessen Anfang ich oben S. 73 erwähnt habe. Es scheint kurz vor 1578 geschrieben zu sein und enthält auf 2 Seiten eine Angabe der den Streit betreffenden wichtigeren Documente nach chronologischer Ordnung. Von den hierher gehörigen Urkunden sind nur zwei noch im Original vorhanden:

eine Bulle ***Sixtus IV.*** vom Jahre 1472,

ein Schreiben des ***Godefridus episcop. Dagnensis*** von 1480.

Für das 16. Jahrhundert fand ich:

eine Copie des Contractes von 1553,

zwei Original-Rescripte des Erzbischofs *) von Mecheln, ***Matthias Hovius,*** vom Januar 1598, die Bestätigung des zwischen den Beghinen und Nonnen abgeschlossenen Accordes vom Decbr. 1597 enthaltend.

Einige Notizen entnahm ich dem

Todtenbuch (Doodt-boeck) des Klosters, das von 1468 — 1796 fortgeführt ist. Pergament. 4.

* * *

*) Bis zum Jahre 1559 gehörten Brüssel und Vilvorde zu der Diöcese von Cambray; seit jenem Jahre aber zur Erzdiöcese von Mecheln.

In einem Kriege, den der Herzog *Karl der Kühne* *) gegen die Stadt Lüttich führte, war das Carmeliter-Nonnenkloster der drei Marien von Malbecq in der Nähe von Lüttich verbrannt. Die Nonnen flüchteten vorläufig nach Mastricht. Indefs wufste der in Brüssel residirende Carmeliter-General *Johannes Soreth* mit Hülfe des päpstlichen Legaten *Honofrius* den Herzog *Karl* zu bewegen, für die Zukunft der Nonnen auf eine dauernde Weise zu sorgen. Wahrscheinlich war es der Name „*de Solatio beatae Mariae*" und der Ruf des Marienbildes der Beghinen von Steenvort, welcher die Aufmerksamkeit des Generals des *ordo beatae Mariae de Monte Carmelo* auf den Beghinhof bei Vilvorde lenkte. Der Herzog willigte ein, diesen seinen Beghinhof unter gewissen Bedingungen und Lasten den Carmeliter-Nonnen zu überlassen und that dies durch Patent vom Januar 1468, in flämischer Sprache verfafst und mit einem rothen Siegel versehen. Demgemäfs kamen die Nonnen, 13 an der Zahl, mit ihrem Beichtvater am 6. Februar 1468 im Beghinhofe zu Steenvort an. **) Da aber vorläufig nur 7 von ihnen neben den 39 vorhandenen Beghinen dort Platz finden konnten, so kehrten die übrigen fürs erste nach Mastricht zurück. Welches die Bedingungen gewesen, unter denen der Beghinhof den Nonnen durch das erwähnte Patent überlassen war, darauf kommt es durchaus nicht an: denn schon im Laufe des ersten Jahres wurden die den Nonnen gemachten Zugeständnisse als unzureichend erkannt und ein zweites Patent ***) mit grünem Siegel erlassen, wodurch

*) regierte von 1467 — 1477.

**) Siehe das Todtenbuch fol. XXV.

***) ist zum Theil bei *Sander* abgedruckt, der die meisten im Folgenden angeführten Documente aber nur bruchstückweise und insofern mittheilt, als sie zur Geschichte des Klosters erden Nonnen der Beghinhof bei Vilvorde mit allen seinen Dependenzen und Pertinenzen auf ewige Zeiten geschenkt wurde. Diese Schenkungs-Urkunde, welche kein Datum trug und dazu bestimmt schien, die erste ganz einfach zu ersetzen, wurde freilich erst am 14. Januar 1469 executirt, d. h. den Betheiligten in Steenvort selbst officiel bekannt gemacht: sie mufs aber schon im Jahre 1468 abgefafst sein und wird gewöhnlich so betrachtet, als ob sie schon im Januar des Jahres 1468 erlassen wäre.

Der päpstliche Legat *Honofrius* approbirte diese Schenkung durch eine am 4. Januar 1469 in Brüssel erlassene Bulle, worin er zugleich den Suffragan von Cambray *Godefridus episcopus Dagnensis* und zwei Aebte als Executoren für die Errichtung des Klosters in dem Beghinhofe bei Vilvorde ernannte. *Honofrius* hatte bereits durch eine Ablafsbulle vom 20. Dec. 1468 zu milden Beiträgen für den Neubau des Klosters aufgefordert. Die Klostererrichtung fand nun durch die drei apostolischen Commissarien in Gegenwart von sechs Priestern, vier vilvorder Schöffen und drei vilvorder Bürgern förmlich statt. Es ist darüber ein Bericht des Bischofs *Godefridus* als Hauptexecutor vom 11. Februar 1469, aus dem neuerrichteten Kloster selbst datirt, vorhanden.

In Betreff der Beghinen verordnete die Schenkungs-Urkunde Folgendes: Es wurden den 39 vorhandenen Beghinen eine Abtheilung des ehemaligen Beghinhofs zum Wohnort und die Einkünfte der *bona mensae s. spiritus* zu gleichen Theilen zu ihrem Unterhalte angewiesen; sobald eine Beghine stürbe oder die Anstalt

forderlich sind. Es ist bei *Sander, Wichmans* u. *Compaignon* Grundsatz, parteiisch für die Klosterfrauen und gegen die Beghinen zu sein.

verliefse, sollte ihr Antheil an den genannten Einkünften den Nonnen verfallen. Neue Beghinen sollten nicht aufgenommen werden, sodafs nach dem Aussterben der vorhandenen Beghinen der ganze ehemalige Beghinhof aufgehoben sein würde. Die Nonnen sollten gehalten sein, 7 Beghinen in dem Hospitale, das nun schon den Nonnen gehörte, bis an ihr Lebensende zu verpflegen; auch diejenigen Beghinen, welche Lust dazu hätten, als Nonnen in ihr Kloster aufzunehmen.

Die Nonnen waren also vollkommen in ihrem Rechte, wenn sie sich als Herrinnen von Steenvort betrachteten. Dieses Recht war eine Unbilligkeit gegen die Beghinen, die sich aber bis zum Tode des Herzogs im Jahre 1477 den Befehlen desselben geduldig unterwerfen mufsten. Sechs von ihnen liefsen sich zu Nonnen machen. Unter diesen Umständen mufste auch der damalige Pastor des Beghinhofs, *Laurentius de Maelcoten,* wohl fühlen, dafs die Fortsetzung seines Amtes überflüssig sei, zumal da er ein weltlicher Priester war und die Nonnen auf ihrer Gewohnheit bestanden, einen Ordenspriester zum Beichtvater zu haben. Er legte daher sein Amt freiwillig nieder. *Sixtus IV.* bestätigte in einer Bulle vom *III Kal. Majas 1472*, die noch im Original vorhanden ist, die Entsagung dieses *pastor* oder *rector capellae beatae de Consolatione* und verfügte, dafs der Name und die Einkünfte der *Rectoria in eadem Capella sive Ecclesia* aufgehoben werden, die Nonnen aber die Einkünfte zum Nutzen ihres Klosters -- ohne dafs dazu die Einwilligung ihres Diöcesan-Bischofs *) nöthig wäre — verwenden sollten.

Von dieser Zeit an war der *pater confessor* der

*) Die Bulle war an den Abt von Grimbergen und den Decan der St. Peterskirche von Löwen adressirt.

Nonnen zugleich *curatus* der Beghinen: denn dafs der Beghinhof fortbestand, werden wir sogleich nach dem Tode des Herzogs *Karl* erfahren. Zuvor mufs ich den Leser noch von einem Original-Documente unterhalten, das, an sich sehr unbedeutend, durch den Gebrauch, den man davon gemacht hat, ein zufälliges Interesse erhält. Es ist dies ein Schreiben des *Godefridus episcopus Dagnensis* vom 10. November 1480, worin derselbe, um Verwirrung zu vermeiden, bekannt macht, dafs das Patent des Herzog *Karl* mit grünem Siegel später erlassen sei als das Patent mit rothem Siegel. Auf dem Rücken dieses Briefes steht wie gewöhnlich das Datum 10. November 1480 bemerkt. Neben der Zahl 80 steht, doch etwas tiefer und von anderer Hand und Dinte geschrieben eine grofse 40, etwa so 1480 40. In dieses Document nun hat *Compaignon* hineingedichtet, *Godefroy evesque d'Aguensis* habe am 10. November 1440 das Hospital in einen Beghinhof verwandelt (siehe ob. S. 59). Das einzige Document, das *Compaignon* abdruckt, ist die ganz unerhebliche Ablafsbulle des *Honofrius* vom 20. December 1468. Auf der folgenden Seite finde ich noch folgende Lüge: *Compaignon* spricht von der *Eglise que la Maistresse et les Soeurs Beguines avoient abandonnée, comme aussi cette place entièrement.* Das Alles zur Erbauung der Leser und zur Ehre Gottes.

Kaum war der Herzog *Karl* gestorben, als die Beghinen anfingen, sich gegen die Nonnen aufzulehnen. Die Vilvorder, Freunde und Verwandte der Beghinen, nahmen natürlich gegen die Nonnen Parthei. Es wurde in der Thüre des Klosters ein Brief gefunden, in dem man den Nonnen drohete, falls sie sich nicht mit den Beghinen verglichen, ihr Kloster in Brand zu stecken. Die Curie und der Canzler von Brabant ernannten zur

Schlichtung der Zwistigkeiten Commissarien, welche die streitenden Partheien vermochten, ihre Ansprüche durch Schiedsrichter ausgleichen zu lassen. Der Beichtvater des Klosters unterhandelte im Namen der Nonnen. Die Schiedsrichter ordneten einen Vergleich (*compositio*) an, der die Sanction des Bischofs von Cambray, *Johannes de Burgundia*, erhielt und in einem aus Brüssel, wo dieser Bischof fast immer residirte, vom 6. Juli 1477 datirten Schreiben desselben enthalten ist. Dieser Vergleich ist von keinem der Schriftsteller über die Geschichte des Klosters abgedruckt oder auch nur erwähnt, wahrscheinlich weil durch ihn die Beghinen wieder festen Fufs fafsten. Ich fand ihn zuerst zufällig bei *Miraeus Op. Diplomat. edit. Foppens fol. Tom. III. p. 626—628*, wo aber das bischöfliche Schreiben augenscheinlich falsch, nämlich vom Jahre 1470, datirt ist: denn aus dem Inhalte geht hervor, dafs es nach dem Tode *Karls* (. . . . . „*quondam Principis D. Caroli, dum viveret Ducis Brabantiae*" . . .) geschrieben ist. Da nun *Johannes de Burgundia* schon 1479 gestorben ist, so konnte dies Schreiben nur zwischen 1477 und 1479 erlassen sein. Das Urkundenbuch enthält aber fol. LVI — LVIII eine Copie mit dem Datum 1477, und zufällig ist diese Copie von allen im Urkundenbuche befindlichen die einzige notariel beglaubigte.

Aus diesem Schreiben entnehmen wir Folgendes: Auch die Beghinen hatten ein Patent aufzuweisen, das ebenfalls vom Herzog *Karl* oder doch aus der brabantischen Canzlei herrührte und der Schenkungs-Urkunde der Nonnen in Hauptpunkten widersprach. — Es scheint, dafs der Canzler von Brabant und auch der Diöcesan-Bischof stets günstig für die Beghinen gestimmt waren. — Die Schiedsrichter fingen nun damit an, diese beiden widersprechenden Urkunden für ungültig und nicht vorhanden zu erklären und machten folgende neue Bestimmungen:

I. a. Die Nonnen sollen alle Güter des Hospitals (*infirmaria*) besitzen, dafür aber auch die darauf ruhenden Lasten und *craweygias* *) tragen, die Kosten des Gottesdienstes bestreiten und den Beghinen einen Caplan halten. Ferner sollen die Nonnen ein neues Hospital bauen und darin Beghinen, die dessen bedürftig sein sollten, pflegen. Dagegen sollen die Nonnen nicht mehr verpflichtet sein, Beghinen in ihr Kloster aufzunehmen, noch Brod für die Beghinen zu backen, noch auch 7 kranke Beghinen, wie es bisher Brauch war, zu unterhalten.

b. Die Nonnen sollen alle Güter des Gotteshauses (*omnia bona mobilia et immobilia ad fabricam Ecclesiae dictae curtis spectantia*) besitzen, dafür müssen sie die Kirche im Stande halten und die Priester bezahlen.

II. Der Beghinhof soll für immer *in suo Esse* bleiben und die Beghinen, sowohl gegenwärtige als künftige, in diesem Beghinhofe. Zu ihrem Unterhalte sollen sie besitzen *omnia et singula bona mobilia seu haereditates, census quoque et redditus qui ad mensam S. Spiritus, dormitorium et communitatem ejusdem curtis pridem spectare consueverunt.*

Auch wurden genau die Gränzen angegeben, worin beide Theile, innerhalb der Ringmauer des Beghinhofs, ungestört wohnen sollten.

Dieser Vergleich war billig und für die Nonnen, die 10 Jahre vorher gar nichts hatten, vortheilhaft genug.

---

*) *craweygia* oder *craweyda* = *courvée*, *corvée*, Frohndienst.

Die Nonnen waren aber damit nicht zufrieden und behaupteten, ihr Beichtvater habe eigenmächtig und ohne ihr Mitwissen gehandelt. In der *„Instructio processus"* am Ende des Urkundenbuchs wird sogar erzählt, übelwollende Personen hätten dem Beichtvater das Originalschreiben des Bischofs aus der Hand gerissen und dasselbe sei nicht wieder zum Vorschein gekommen, der Beichtvater habe sich aber über seine Unvorsichtigkeit und diesen Verlust zu Tode gegrämt.

Die Nonnen reclamirten also gegen diesen Vergleich bei der Curie von Brabant. Dieselbe erklärte dessenungeachtet den Vergleich und die Sanction des Bischofs für gültig durch Rescript vom 9. Oct. 1480.

Nun provocirten die Nonnen an den Papst. *Sixtus IV.* erliefs eine Bulle*) vom 5. Mai 1481, wodurch die Nonnen von dem Vergleiche der Schiedsrichter entbunden und *in integrum* restituirt wurden, d. h. wodurch die Schenkungs-Urkunde *Karls* wieder für gültig erklärt wurde. Der Bischof von Cambray *Henricus de Bergis*, an den die Bulle adressirt war, ernannte einen Commissar, der die Anordnungen des heiligen Stuhls ausführen sollte. Derselbe konnte indefs nichts ausrichten: die Curie und der Canzler von Brabant verweigerten ihm das Gehör und verboten den Nonnen die Fortsetzung des Processes gegen die Beghinen, am 6. Nov. 1481.

Die Nonnen mufsten sich damit begnügen, gegen den Ausspruch des Canzlers Protest einzulegen und geduldig auf bessere Zeiten zu warten.

In den nächsten 70 Jahren vertrug man sich leidlich. Ich finde nur einige Spuren von Klagen, die die Nonnen führten über zu nahe Berührung mit der Welt,

*) Dieselbe enthält die Geschichte des Streites sehr gut, ist aber von *Sander* unvollständig mitgetheilt.

wozu die laxere Zucht der Beghinen, mit denen sie in derselben Ringmauer zu leben gezwungen wären, Veranlassung gäbe. Der Flor des Beghinhofs nahm aber in dieser Stellung neben dem Kloster ab: im Jahre 1553 befanden sich dort nur noch 9 Beghinen, die beiden Vorsteherinnen (*magistra prima seu principalis* und *m. secunda*) mit eingerechnet. Diese 9 Beghinen traten durch Contract vom 2. September 1553 friedlich und aus eigenem Antriebe ihre Ansprüche auf den Beghinhof den Nonnen ab, und liefsen nun die Schenkungs-Urkunde *Karls* in volle Kraft treten. Dies ist der kurze Sinn des langen Contractes. Die Beghinen legten den Nonnen nur die einzige Verpflichtung auf, nachdem die Beghinen ausgestorben sein würden, sollten die Nonnen ein junges Mädchen aus der Umgegend unentgeltlich zur Nonne aufnehmen, die das Amt haben sollte, für das Seelenheil der Beghinen zu beten. Diese sollte nach ihrem Tode durch eine neue unter denselben Bedingungen ersetzt werden und so fort.

Damals war der Presbyter *J. Quaetsaet, Sacrae Paginae Baccalaureus, tam religiosarum quam beginarum respective Pater Confessor et Curatus.* Der Contract war unterzeichnet von den Notaren *Antonius de Rota* und *Johannes de Begghe.*

Somit müfste nun der Beghinhof im Wege Rechtens ausgestorben sein; er würde auch ohne Zweifel dies Schicksal gehabt haben, wenn nicht 25 Jahre später eine unerwartete Begebenheit das Band, das die Nonnen und Beghinen gemeinschaftlich umschlang, gebrochen und dadurch diesen ungleichartigen Hälften Gelegenheit zur endlichen Trennung gegeben hätte.

Am 12. Februar 1578 wurde Steenvort durch das Feuer der *Geusen* von der Oberfläche der Erde vertilgt, nachdem die Bewohnerinnen sich so gut wie möglich mit ihren Habseligkeiten geflüchtet hatten. Die Nonnen brachten das Marienbild nach Mecheln in Sicherheit. Die Beghinen richteten sich einen Beghinhof in Vilvorde neben der Marienkirche dieser Stadt ein; und den Carmeliternonnen wurde durch Contract vom 12. Aug. 1586 von Seiten der Stadt die ehemalige Nicolai-Kapelle eingeräumt, wo sie ein neues *Monastère de la Consolation* stifteten.

Die Nonnen und Beghinen setzten sich nun schliefslich auseinander durch einen Accord vom Decbr. 1597, der folgende Bestimmungen enthält:

1. Von nun an soll nicht mehr der Beichtvater der Nonnen, sondern der Pastor der Marienkirche der Curatus des Beghinhofs sein.
2. Der Pastor bekommt dafür gewisse Abgaben an Naturalien, die früher die Beghinen den Nonnen entrichteten. Alle übrigen Güter und Einkünfte gehören aber unabänderlich den Carmeliterinnen.
3. Um die alte durch das lange Zusammenleben der Carmeliterinnen und Beghinen bewirkte Freundschaft zu erhalten, versprechen die Nonnen für jede gestorbene Beghine *„se gratiose vigilias et sacra dicturas;"* doch müssen die Beghinen dann gegenwärtig sein und die nöthigen Lichter hergeben. Dafür wollen die Beghinen, *ut manus manu fricetur,* auch fernerhin die Procession der Carmeliterinnen (die seit 1538 am dritten Sonntage nach Ostern gehalten wurde) mit ihrer Gegenwart beehren (*cohonestare et decorare*). — Diesen Accord bestätigt der Erzbischof von Mecheln durch ein Schreiben vom 22. Jan. 1598, lateinisch. Ein zweites Schreiben von demselben Datum und mit grofsem rothen Siegel versehen unterscheidet sich von dem ersten dadurch, dafs der Accord darin flämisch enthalten ist.

Hier endigt die grofsartige Geschichte des Streits der Beghinen und Nonnen von Steenvort, und damit eigentlich auch die unsers Beghinhofs: denn die 3 Jahrhunderte, die derselbe noch zu leben hatte, fliefsen lautlos im grofsen Strome der Weltgeschichte. Im Jahre 1796 hoben die Franzosen auch diese Anstalt auf. Die Beghinen zerstreuten sich. Die letzte derselben starb erst im Jahre 1840, wie mir ihr Neffe, Herr *Gotemans*, *candidat-notaire* in Vilvorde erzählte.

Die Carmeliter-Nonnen sammelten sich wieder nach dem Aufhören der französischen Herrschaft. Das Kloster ist verarmt. 17 Nonnen leben darin unter der 74jährigen *Supérieure, Mlle Vereecken* aus Antwerpen.

Die vorstehende urkundliche Geschichte des Beghinhofs bei und in Vilvorde setzt uns in den Stand, die älteren bei den Schriftstellern vorhandenen Nachrichten über das Alter des Beghinhofs (siehe oben S. 39 — 41) richtig zu würdigen und zeigt noch aufserdem, warum dieselben so ungenügend sind. — Als *Gramaye* seine *Bruxella etc.* schrieb, nämlich im Anfange des 17. Jahrhunderts, besafs der Beghinhof von Vilvorde seine Stiftungs- und übrigen Urkunden gar nicht mehr. Mit den Besitzthümern waren auch die alten Documente den Nonnen übermacht, bei denen wir so glücklich gewesen sind, sie wider Erwarten ans Licht zu ziehen. Bei den Beghinen werden nur die Verschreibungen, die sich auf die Güter der *mensa S. Spiritus* bezogen, und solche Verordnungen zu finden gewesen sein, welche die inneren Angelegenheiten des Beghinhofs betrafen, so z. B. die Verordnung von 2 Scheffel Roggen zu Weihnachten für die armen Beghinen. Gerade dieser Mangel an schriftlichen Nachrichten liefs aber der Phantasie freien Spielraum. Man wufste im Allgemeinen, der Beghinhof habe schon von Alters her bei Vilvorde bestanden, und nun übertrieb die Sage das Alter dieser Anstalt. Der Beghinhof von Vilvorde bleibt aber auch, nachdem wir seine Geschichte kennen, einer der ältesten von Brabant, und kann recht gut die Mutteranstalt für die Beghinhöfe von Brüssel und Mecheln, wie *Gramaye* angiebt, gewesen sein. Denn nach ***Ryckel*** sind nur die Beghinhöfe von Tirlemont (1202) und Löwen (1234) vor 1239 gestiftet; die von Brüssel, Diest, Liere (Lyra) Aarschot und Mecheln fallen aber alle in die Zeit von 1250—1260; und da Vilvorde in der Mitte zwischen Brüssel und Mecheln und von jeder dieser Städte nur 2 Stunden entfernt liegt, so versteht sich die Wahrscheinlichkeit jener Nachricht von selbst.

Der Pastor des Beghinhofs, an den sich *Coens* im Jahre 1628 um Auskunft über das Alter seiner Anstalt wandte, konnte ebenfalls keine genügende Nachricht geben, weil ihm die Urkunden nicht zugänglich waren; und wenn er nicht schriftkundiger war als seine jetztlebenden, übrigens sehr ehrenwerthen Collegen in der Nähe von Brüssel, so ist es noch die Frage, ob er die Urkunden, auch wenn er sie besessen, zu lesen verstanden hätte.

Die Sage von dem hohen Alter des Beghinhofs wird auch wohl die Löwener nach Vilvorde gelockt haben, um dort mit Bequemlichkeit Unkraut zwischen den Waizen zu säen.

Die Geschichte der Geschichte des vilvorder Beghinhofs läfst sich also kurz so zusammenfassen: Da diejenigen, welche die Wahrheit sagen wollten, sie nicht sagen konnten (*Gramaye* und der *Pastor*), diejenigen aber, welche die Wahrheit sagen konnten, sie nicht sagen wollten (*Wichmans*, *Compaignon*, *Sander*) und drittens noch Personen vorhanden waren, welche aufsergewöhnliche Mittel in Bewegung setzten, um schwarz weifs zu machen oder umgekehrt (*Puteanus* u. *Ryckel*), so ist es am Ende nicht zu verwundern, dafs man in diesem Winkel der belgischen Kirchengeschichte bisher nicht ganz deutlich sehen konnte, und als eine besondere Gunst des Schicksals zu betrachten, dafs es möglich war, der Curiosität wegen diese Polterkammer aufzuräumen und darin Jedem das Seinige zu ertheilen.

Welches Vertrauen soll aber der Geschichtsforscher in die Treue der kirchlichen Schriftsteller des 17. Jahrhunderts im Allgemeinen setzen, wenn er bei dieser Gelegenheit sieht, dafs 3 Autoren, die aus den Archiven geschöpft zu haben vorgeben, und die wirklich alle drei die Urkunden in Händen gehabt haben, durch Verschweigungen und Erdichtungen die einfachste Sache in unlösbare Widersprüche verwickeln? Und wie steht es um ähnliche Theile der Geschichte, deren Quellen nicht mehr vorhanden sind?

Ueber die Namen von Peuthy und Vilvorde und über den Namen und die Lage des ehemaligen Steenvort. *)

Ich finde folgende Benennungen, theils flämisch, theils mit lateinischer Endung, des Dorfes, welches jetzt *Peuthy* heifst:

Potya 1265 in der Copie der Bulle *Clemens IV.* und 1434 in einem Schöffenbriefe aus Vilvorde.

---

*) Siehe dazu Taf. III.

Potie 1426 in einem Schöffenbriefe aus Campenhout.
Poetie } 1427 im Stockbuche des Beghinhofs.
Poetye }
Potye 1468 in den Copien der Schenkungs-Urkunde des Herzogs *Karl*.
Puetye nach 1468 im Todtenbuche des Klosters.
Peuty 1469 in einem Schreiben des *Joh. Soreth* aus Brüssel.
Puetii 1477 in dem Schreiben des Bischofs v. Cambray.
Peuti 1481 in der Bulle *Sixtus IV*.
Puty } in der Copie des Contractes von 1553.
Putie }
Poethia in dem alten Rechtsgutachten vom Ende des 16. Jahrhunderts.
Puthia 1598 in dem Schreiben des Erzbischofs von Mecheln; endlich wieder
Peuty in der Anmerkung von *Foppens* 1734 zu seiner Ausgabe von *Miraeus Opp. Diplomat. T. III. p. 628.*

Man sieht daraus, dafs nur die Vocale dem Wandel unterworfen sind.

Aus den folgenden Schreibarten des Names Vilvorde erhellt, dafs die Bemerkung, womit *Gramaye* seine *Vilvordia* anfängt, in allen alten Documenten finde sich der Name der Stadt mit doppeltem *f* und mit *t* am Ende geschrieben, nicht richtig ist. Man sieht zugleich, dafs die ältesten von uns gefundenen Formen nicht declinirt wurden:

prope Vilfordis 1239 in dem Schreiben *Guido's*.*)
juxta Filvorde 1252 in der Bulle des Legaten *Hugo* aus Cambray, und
— — 1254 in der Bulle des Legaten *Petrus* aus Antwerpen.

*) *Sander* druckt in dieser Stelle unrichtig *Filforden*.

juxta Filvordis 1262 in der Bulle *Urban's IV.*
juxta Vilvort 1265 in der Copie des Schreibens des Bischofs *Henricus,* im Urkunden-Buche.
de Filforde 1265 in der Copie der Bulle *Clemens IV.*
declinirt *Filfordia, ae,* 1294 in der Copie des Schreibens des Bischofs *Gwilhermus.*
als Adjectiv *filfordensis* 1319 in der Copie des Schreibens des Bischof *Johannes.*
1427 im Vorwort zum Stockbuche und fast allgemein in den Original-Verschreibungen v. Ende des 13. bis gegen das Ende des 15. Jahrhunderts.

In den flämischen Verschreibungen findet sich:
Vilvoerden 1410.
Vilvorden 1415.
Filforden 1426 in einem Schöffenbr. aus Campenhout.
Filvordia 1553 in dem Contracte.
Vilfurdenses
Vilvordenses } in dem alten Rechtsgutachten.

Endlich:
Vilvordia und *Vilvordienses* bei *Gramaye.*

Jetzt heifst der Ort:
flämisch: *Vilvoorden.* So steht er auch auf der Karte von 1833 in Stieler's Handatlas, neue Ausgabe. No. XXXIII.
französisch: *Vilvorde.*

Aehnliche Schwankungen finden sich für die letzte Hälfte des Namens *Steenvort:*
Steenvort 1265 in der Copie des Schreibens des Bischofs *Henricus,* zugl. mit *Vilvort.*

Steenvoert fast allgemein in den Verschreibungen vom Ende des 14. und Anfang des 15. Jahrhunderts, aber auch

Steenvort 1425.

Steenvoort 1427 im Stockbuche und in der Umschrift des von *Smet* abgebildeten Siegels des Beghinhofs vom Jahre 1789 „*Begynhof van Steenvoort*". Dieses Siegel kann leicht 3—400 Jahre alt gewesen sein.

Steenvorde 1434 und wieder

Steenvoert 1471, 1481 etc.

Steenvoorde schreibt *Foppens* 1734. Wenn der Ort noch existirte, würde er jetzt wahrscheinlich flämisch

Steenvoorden und französisch

Steenvorde geschrieben werden.

Die Namen *Steenvort* und *Vilvort* bedeuten Steinfurth und Vilfurth. Ueber die Bedeutung des Vil oder Fil weiſs ich nichts Gewisses, und Vermuthungen würden uns zu weit führen; *une „ville forte*" ist aber gewiſs unrichtig.

Obgleich der Beghinhof in Vilvorde sich noch zur Zeit seiner Aufhebung, gegen das Ende des 18. Jahrhunderts, Beghinhof von Steenvoort, seinem Siegel zufolge, nannte, so scheint doch die Kunde von diesem Namen in Vilvorde jetzt gänzlich verschwunden zu sein. Selbst die Herren vom Cadaster wuſsten mir bei meinem ersten Besuche über Steenvort keine Rechenschaft zu geben. Diese Unbekanntschaft des Namens rührt wahrscheinlich mit daher, weil man den Beghinhof und später auch das Kloster kurzweg *Troost* oder *zum Trooste* nannte.

Die erste geographische Nachweisung fand ich auf einer 1561 in Holz geschnittenen Karte *) des Weges von Brüssel über Mecheln nach Antwerpen, mit Profil-Ansichten der Ortschaften zu beiden Seiten des Weges. Man bemerkt rechts von Vilvorde (für den der von Brüssel kommt) ein Häuschen mit einem Thürmchen über dem rechten Ufer eines Baches, der sich in Vilvorde selbst in die Senne ergiefst, an der Vilvorde liegt. Das Häuschen ist mit dem Namen „*tenTroost*" bezeichnet. Die Andeutung, die in dem Namen Steenvort liegt, dafs es in der Nähe eines fliefsenden Wassers gelegen haben mufs, fand sich dadurch bestätigt. Dieser Bach heifst die Woluwe, wie man mir in Vilvorde sagte. Vilvorde liegt zur linken Seite der Eisenbahn, die von Brüssel kommt. Unter dem nach Brüssel gerichteten Ende des schmalen Bahnhofs fliefst fast unbemerkt ein Wasser hin, einem breiten Graben ähnlich. Dies ist die Woluwe. Im Kloster erfuhr ich endlich, dafs an der ehemaligen Stelle des Klosters eine Kapelle steht, die unter dem Namen der *Consolation* allgemein bekannt ist. Den Weg dahin findet man leicht auf folgende Weise. Auf dem Eisenbahnhofe abgestiegen, nimmt man nicht links den Weg nach Vilvorde, sondern folgt in gerade entgegengesetzter Richtung rechts der gepflasterten Strafse nach Peuthy. Tausend Schritte von der Eisenbahn entfernt, findet man hart an der rechten Seite der Strafse und gegenüber der Stelle, wo der Fufsweg nach dem nahen Peuthy abgeht, die ungefähr 12 — 14 Fufs hohe weifsangestrichene Kapelle. Die rechte Hälfte der der Strafse zugekehrten Façade wird von der Thüre eingenommen. In der linken Hälfte ist über einer kleinen steinernen

*) Diese Karte befindet sich in „*De Genalogie der Hertoghen van Brabandt. Antwerpen.* 1565. *kl. fol.* gedruckt von *Jan. Mollyns.* No. 27254 der königlichen Bibliothek in Brüssel.

Bank ein viereckiges mit eisernen Stangen und einem Drathgitter geschütztes Fenster angebracht, durch welches man an der entgegengesetzten Wand einen Altar und darauf ein Marienbild erblickt. Zu beiden Seiten des Marienbildes hängt an der Wand eine Tafel, die eine mit einer flämischen, die andere mit einer französischen Inschrift, welche folgendermaaſsen lautet: *Cette chapelle est érigée en souvenir perpétuel du célèbre monastère des Carmélites de Notre Dame de la Consolation, actuellement transféré à Vilvorde, après avoir été ici pendant 110 ans. fut détruit et brûlé par les sacrilèges Iconoclastes le 12 Février de l'an de notre Seigneur 1578.* — So ſand ich die Stelle des ehemaligen Steenvort auf meiner Wallfahrt am 26. November 1841. Von Gebäuden ist weiter keine Spur vorhanden. Ringsumher sieht man Aecker. In einer Entfernung von einigen hundert Schritten flieſst die Woluwe, so daſs der Platz des Beghinhoſs zwischen der Fahrstraſse *) und diesem Bache lag. In einem der Kartenbücher ſindet sich ein Umriſs des Grundstücks. Die Nonnen scheinen die alte unregelmäſsige Form dieses Grundstücks bei der Einrichtung ihres Klosters in Vilvorde nachgeahmt zu haben: denn bei *Sander*, der eine Abbildung des Klosters in Vilvorde aus der Vogelperspective giebt, beschreibt die Ringmauer eine ganz ähnliche Figur.

Die Capelle ist, einer Stelle des Todtenbuchs zuſolge, von einem im Jahre 1633 ausgesetzten Legat gebaut.

Auf der *Vandermaelen*'schen Karte von Belgien (Ein Blatt) vom Jahre 1841 ist Peuthy angegeben. Zwischen Peuthy und Vilvorde, aber näher nach Peuthy, ist Steenvort zu denken.

*) Dies war der ehemalige Weg von Vilvorde nach Löwen.

Anmerkung.

Ich kann von dem vilvorder Beghinhofe nicht scheiden, ohne zu erwähnen, dafs sich die richtige Angabe der Stiftung desselben schon in einem gedruckten Buche findet. Der *Abbé de S**** schliefst nämlich seinen Brief an *Mlle de G**** im Jahre 1731 mit folgenden Worten: „*En attendant on demeure d'opinion qu'au siècle XIII Sophie, fille de Ste Elisabeth, Landgrave de Hesse et femme de Henri II, Duc de Brabant, fonda le dit Beguinage sous le titre de Sainte Marie de la Consolation.*" Wie der Verfasser dieses in Paris erschienenen Büchleins, ohne Zweifel ein Franzose, zu dieser Notiz gekommen ist, bleibt mir durchaus räthselhaft. *Mosheim* und *Smet* wissen davon nichts. Auch ich legte beim ersten Lesen dieser Stelle nicht das geringste Gewicht auf dieselbe. Es konnte mir nicht einfallen, diesen angenehmen Schwätzer, dessen einziger Zweck war, einer Dame eine Vorstellung von dem Beghinenwesen zu geben, als Autorität aufzustellen: er selbst würde sich nicht dafür gegeben haben. Ich bemerke ausdrücklich, dafs nicht diese Stelle, die mir erst später wieder beifiel, sondern dafs die Randbemerkung in *Gramaye's Bruxella c. s. comitat. Brux. 1606. kl. 4. p. 64. 65.* (s. ob. S. 53) mich auf den Gedanken gebracht hat, die Falschheit der ersten löwener Urkunde werde sich aus dem Namen *de Solatio beatae Mariae* beweisen lassen.

Der Leser wird mit mir einverstanden sein, dafs es nun nicht mehr darauf ankommt, die falschen Urkunden im Originale zu sehen. Meine Bemühungen, die Originale aufzufinden, sind vergeblich gewesen. Die Urkunde vom Jahre 1151, die ich ohne Erfolg gleich anfangs im Stadtarchive gesucht hatte, ist wahrscheinlich bald nach 1630 in den Besitz des Pater *Elias* gekommen. Ich finde nämlich bei *Wichmans,* der 1632 schrieb, *l. c. p. 497,* wo er von Vilvorde spricht, die Worte: *Begginas hic olim fuisse anno videlicet 1151 ex publico et sigillato oppidi instrumento me docuit R. P. Elias a S. Theresia.* Da aber die Haupturkunde noch im Jahre 1789 im Beghinhofe vorhanden war und desgleichen wahrscheinlich die zweite von 1129, so suchte ich auf den Rath des Herrn *Gotemans* bei den *Soeurs hospitalières* im *Hospice civil* von Vilvorde nach, weil nämlich die Güter der aufgehobenen Beghinhöfe den Wohlthätigkeits-Anstalten zugewiesen sind. Ich fand dort nur sehr wenig Documente, die ältesten vom 16. Jahrhundert aus Antwerpen datirt und auf das Hospice selbst bezüglich; auch bin ich gewifs, dafs man mir nichts vorenthalten hat. Zuletzt wandte ich mich an den *Doyen* der Stadtkirche, Herrn *van der Linden,* dessen Vorgänger der letzte Pfarrer des Beghinhofs war. Derselbe liefs mir aber auf meine wiederholte Anfrage durch seinen Vicar sagen, dafs sich keine Papiere vom ehemaligen Beghinhofe in der Pfarrei befänden. Es ist aber möglich, dafs man nicht sorgfältig nachgesehen hat. Wenn die Urkunden noch existiren, so müssen sie meiner Meinung nach dort vorhanden sein.

Anhang.

I.

Ueber die Ableitung und die Schreibart des Namens Beghine.

Da es uns gelungen ist, die seit dem Jahre 1630 unterhaltenen Zweifel über die Abkunft der belgischen Beghinen vollständig zu beseitigen, so hört damit auch der Zweifel über die Ableitung des Namens „Beghine" auf, dem wir schliefslich noch die schuldige Aufmerksamkeit widmen wollen. Die allerältesten Quellen enthalten die bestimmte Nachricht, dafs die Beghinen nach dem Beinamen ihres Stifters Lambert benannt sind. Diese Nachricht ist gerade so authentisch, wie die von der Stiftung der Beghinen durch den Lütticher Lambert überhaupt.

Die Gegner des *Coens* wandten diesem ein, dafs es unwahrscheinlich sei, dafs die Beghinen von einem körperlichen Fehler ihres Stifters den Namen hätten. Allein gesetzt auch, Lambert habe *le Begues* geheifsen, weil er stammelte, und seine Anhängerinnen seien vom Volke zum Spott Beguines oder Begutten, so wie er selbst Beghot *) genannt, so liegt in der Beibehaltung dieses Namens gar nichts Unwahrscheinliches. Dafs Spottnamen, die einer Partei gegeben waren, von dieser als Ehrennamen geführt wurden, dazu liefern in der belgischen Geschichte selbst die *Geusen* ein naheliegendes Beispiel.

*) Siehe oben S. 8 die Stelle aus *Fanius*. Von diesem *beghot* oder *begutte* kommt wahrscheinlich das deutsche „bigot".

Uebrigens ist es noch sehr zweifelhaft, ob Lambert wirklich gestammelt habe, und viel wahrscheinlicher, dafs *le Begues* sein Familienname, von seinen Vorfahren her, war. *Aegidius* sagt freilich „*quia balbus erat*", allein vielleicht sind diese Worte von dem Geschichtschreiber nur als eine Conjectur zur Erklärung des Namens eingeschoben. Es ist bekannt, dafs die Geschichtschreiber des Mittelalters, wenn sie auch die Hauptsache der Begebenheiten genau kennen und treu erzählen, sich doch in den Nebenumständen kleine Ungenauigkeiten und Ausschmückungen erlauben. Nehmen wir, was *Aegidius* übrigens von Lambert erzählt, genau, so kann derselbe fast nicht gestammelt haben: denn er war ein eifriger und beliebter Kanzelredner, wie auch nach, *Coens* Anführung, *Mersaeus in Annal. Episcop. Leodien.* erzählt. *Miraeus* sagt in seiner Monographie: *Solitus etiam apud Clerum et populum Dominicis festisque diebus* (*nam annos ipsos decem vehementem Ecclesiasten egisse reperio*) *de rebus divinis verba facere etc.* Hätte Lambert wirklich gestammelt, so wäre er bei seinem Eifer nothwendig lächerlich geworden. *Miraeus*, der den *Aegidius* als älteste Quelle kannte, mufs dieser Meinung gewesen sein: denn er erwähnt von dem Stammeln nichts und nennt den Lambert ganz einfach *Begius*. Es ist also viel wahrscheinlicher, dafs *le Begues* Familienname Lamberts war. Auch andere Sprachen liefern eine Menge Beispiele davon, dafs Benennungen, die ursprünglich körperliche Fehler bezeichnen, erblich werden, z. B. *Capito, Nasica, Balbus*. Der Beiname des Lambert existirt noch jetzt in Belgien als Familienname. Ich fand auch in einem vilvorder Contracte vom Jahre 1553 den Namen eines Notars *Johannes de Begghe* *). Dafs aber *Begues* und

*) s. oben S. 99.

Begghe gleichbedeutend sind, geht aus den folgenden Bemerkungen über die Orthographie des Namens hervor.

Um die Frage zu erörtern: Welches ist die richtigste Schreibart des Wortes, das im Deutschen „Begine" gesprochen wird? müssen wir wohl erst die Frage beantworten: In welcher Sprache ist das Wort entstanden und welches ist die älteste Schreibart? Die Antwort darauf ist nicht zweifelhaft. *Aegidius,* die älteste Quelle, hat noch keine lateinische Form für den Namen, sondern spricht von Frauen, die *gallice „Beguines"* benannt wären, nach ihrem Stifter Lambert *le Begues.* Der Ursprung des Namens ist also französisch: denn die Volkssprache war und ist noch heute in Lüttich ein französisches *patois.* Diesem Worte *Beguine* gab der Bischof *Henricus Gueldrus* in seinem oben S. 8 angeführten Schreiben vom Jahre 1266 eine lateinische Endung und schrieb *Beguina.*

War aber im 12. Jahrhundert die Orthographie der französischen Sprache so festgestellt, dafs *Begues* damals die einzig richtige Schreibart des Wortes war, das im Deutschen Stammler bedeutet? Diese Frage, deren Entscheidung in letzter Instanz ich den Sprachforschern überlassen mufs, erlaube ich mir nach meinen gelegentlichen Erfahrungen mit Nein zu beantworten. Die Varianten, welche ich über die Namen Peuthy und Vilvorde aufgeführt habe, geben uns ein Beispiel des gänzlichen Mangels eines Princips für die Orthographie. In älteren Zeiten schrieb man die Namen ganz nach Gutdünken, lediglich nach dem Klange. Dies scheinen auch die Varianten über den Beinamen des Lambert zu beweisen. Ich finde nämlich *Lambert le Begue, Begues, Beggue, Begge, Beghe* und *Begghe* geschrieben (auch *Begga* soll im Celtischen = *balbutiens* sein). Dafs aber *le Beghe* und *Begghe* wirklich altfranzösisch ist, beweist eine Anführung des *Lumnius* *), der von dem Canonicus *Batzon* in Lüttich eine alte berühmte von verschiedenen Verfassern französisch geschriebene Historie erhalten hatte, aus der er folgende Bemerkung mittheilt: *Ulterius unum notabile verbum, quod in dicta historia descriptum est, debet a nobis merito hic notari; cum ex eo audimus et intelligimus, cognomen Patriarchae nostri fuisse Beghe vel Begghe, quia hoc unum verbum adfert secum plenam solutionem quaestionis, qua quaeri solet, unde nomen Beghina venit? Quia absque scrupulo et ulteriore inquisitione dicimus et affirmamus, prout infra latius patebit, hoc nomen venisse a primo authore, institutore et fundatore Beghinagiorum nomine et cognomine Lamberto le Beghe, et quod ideo etiam illae, quae ejus vitam et doctrinam sequebantur, initio Beghinae vocatae fuerunt.* Hiernach ist also *Lambert-le-Beghe* eben so gut altfranzösisch wie *Lambert-le-Begues*, und alle die verschiedenen Schreibarten des Wortes scheinen nur zu bezwecken, dafs das *g* nicht weich wie vor *e* und *i*, sondern hart ausgesprochen werde. Von diesem Gesichtspunkte aus betrachtet dürfte es nun wohl Jedem freistehen, den Namen der Anhängerinnen Lamberts zu schreiben wie er Lust hat, so lange nur die Aussprache dadurch nicht unrichtig wird. Zulässig erscheinen daher im Deutschen folgende fünf Schreibarten: *Beguine, Beghine, Begghine, Begine* und *Beggine*, von denen ich nur No. 5 streichen möchte, nicht etwa weil man sie unrichtig nennen könnte: denn der Beiname Lamberts wird auch *Begge* geschrieben: sondern einzig und allein aus dem Grunde, weil diese Schreibart die Ableitung zweideutig läfst, indem sie eben so gut an die einfältige Begga-Geschichte erinnert und an das Bestreben, auf diese Schreibart einen falschen

*) Bei *Coens* p. 61.

Anspruch der Ableitung zu gründen. Es bleiben also vier Schreibarten übrig, unter denen man wählen kann. Hätte man bei dieser Wahl nichts als das Bedürfnifs der richtigen Aussprache zu berücksichtigen, so würde man dem Genius der lateinischen und deutschen Sprache gemäfs gewifs am besten ganz einfach *Begina* und Begine schreiben. *Begina* findet sich in latinisirenden Urkunden und Schriftstellern und auch ich habe, so lange ich über den Ursprung der Beghinen schwankte, die Schreibart Begine, weil sie kein Vorurtheil einflöfst, vorgezogen. Da es aber Pflicht ist, auch im Deutschen, so viel es sich mit dem Genius der Sprache verträgt, den Ursprung fremder Benennungen durch die Schreibart derselben anzudeuten, so habe ich mich jetzt, da mir der Ursprung unzweifelhaft ist, für die Schreibart „Beghine" als diejenige, welche die Abstammung andeutet ohne zu undeutsch zu sein, entschieden.

Aus der folgenden Vergleichung der Autoritäten für die vier in Frage stehenden Schreibarten ergiebt sich auch, dafs die gewichtigsten für die von uns gewählte vorhanden sind:

Beguine, Beguina schreiben *Aegidius* und der Bischof *Henricus Gueldrus*. Desgl. *Mosheim*.

Begina finde ich in der Bulle *Urbans IV.* vom Jahre 1262 und in den Schreiben der römischen Legaten *Hugo* aus Cambray 1252 und *Petrus* aus Antwerpen 1254 (siehe oben S. 76. 77), ferner bei *Placentius* 1529 und *Miraeus* 1602.

Begghina hat die alte Autorität des Schreibens *Guido's* von Cambray 1239. In der bischöflichen Canzlei in Cambray mufs man diese Schreibart entschieden für die richtigere gehalten haben: denn man verbesserte das „*Beggina*" des Legaten *Jacobus* in der Abschrift in „*Begghina*" (s. ob. S. 66. 67).

Bemerkenswerth ist diese Schreibart auch in einem bei *Ryckel* p. 176—182 abgedruckten Schutzbriefe des Herzogs *Johann* für die *Begghinas Curiae Bruxellensis* vom Jahre 1303, wo *Ryckel*, seiner Gewohnheit zuwider, die Schreibart des Originals unverändert mitgetheilt zu haben scheint. Dafs der Name *Johannes de Begghe* im Jahre 1553 vorkommt, habe ich bereits erwähnt.

Beghina ist die herrschende Schreibart in den Beghinhöfen und bei den lütticher Autoren und denen die aus lütticher Quellen schöpften.

So schreibt, nach *Martene Thesaur. l. c.* (siehe oben S. 16) zu urtheilen, der lütticher Bischof *Johannes* in den Synodal-Statuten vom Jahre 1287.

Diese Schreibart findet sich durchgängig in allen Originalverschreibungen, die ich in Vilvorde gefunden habe, 2 oder 3 ausgenommen, in denen *begina* steht. Sie findet sich in dem französischen Manuscripte des Canonicus *Batzon*. So schreibt *Fanius* (s. oben S. 8), so *Lumnius*, so schreibt der Pastor *M. Loncinus* im Jahre 1628 an *Coens*, so endlich *Coens*, der immer der Hauptschriftsteller über die Beghinen bleibt.

An diese Schreibart schliefst sich nun auch das flämische *Beykyne*, oder vielmehr sie ist ganz dieselbe. Das *y* ist seiner Entstehung als Schriftzug und seiner heutigen Bedeutung im Französischen zufolge nichts weiter als ein doppeltes *i* = *ii*, *ij*, *y*, und soll im Flämischen nur die Sylbe lang machen. Es wird, wie das englische lange *i* = *ei* gesprochen.

Ich fasse also meine Meinung über die vorzüglichere der vier Schreibarten so zusammen:

Béguine und *Béguinage* sind die ursprünglichen Benennungen, sie sind gut französisch aber durchaus undeutsch. Wollte man *Béguine* auch mit deutschen Buchstaben schreiben, so muſs man *Béguinage* doch immer französisch lassen, weil das weiche *g* am Ende des Wortes im Deutschen nicht existirt. Sagt man „Beguinhof", so hat man ein sichtlich fremdartiges Wort mit einem deutschen zusammengesetzt, was so viel wie möglich vermieden werden muſs.

Begine ist zur richtigen Aussprache hinreichend, darin ist aber der Ursprung des Wortes zu sehr verwischt.

Begghine hat ein überflüssiges *g*.

Beghine und *Beghinhof* hat

1) für das Deutsche den wichtigen Vorgang des Flämischen;
2) es weist auf den Ursprung des Namens ebenso gut wie *Beguine* hin: denn *Lambert-le-Beghe* ist ebenso gut altfranzösisch wie *Lambert-le-Begues*; es ist dabei weniger undeutsch.
3) diese Schreibart war in Lüttich die herrschende.
4) endlich bekommt dadurch auch der Name Beghine die meiste äuſsere Aehnlichkeit mit dem Namen *Begharde*, wenn auch das „*hard*" seiner Bedeutung nach dasselbe sein sollte wie in Neidhart, Ehrhart.

Aus diesen Gründen schreibe ich Beghine und Beghinhof, lasse übrigens Jedem die Freiheit zu schreiben wie ihm gut dünkt.

II.

Blick auf die deutschen Beghinen.

Eine andere Frage, deren Stand ich hier noch kurz angeben will, ist die, ob auch die deutschen Beghinen und Begharden als Abkömmlinge der lütticher zu betrachten sind, oder ob schon vor *Lambertus le Begues* oder *le Beghe* Beghinen in Deutschland vorhanden gewesen? *Smet* versichert, die deutschen Beghinen seien späteren Ursprungs als die belgischen. Wir müssen aber darüber *Mosheim* zu Rathe ziehen, dessen Ansicht freilich nach den von uns gegebenen Nachweisungen gröfserentheils nicht mehr haltbar ist, bei dem aber eine einzige Stelle übrig bleibt, die uns nöthigt, unser Urtheil über diesen Punkt zurückzuhalten.

Mosheim hielt es nämlich für das Gerathenste, weder an die heilige Begga noch an Lambertus zu glauben. Er sagt *l. c. p. 88: Constat enim documentis et plurimis et omni exceptione majoribus, diu ante Lamberti Beggii aetatem conventus Beguinarum et Beghardorum in Belgio et Germania viguisse nominaque in ore omnium fuisse.* Das „*plurimis*" soll hier wohl nur „mehrere" bedeuten: denn aufser den drei im Jahre 1630 bekanntgemachten vilvorder Urkunden ist keine vorhanden, die darauf Anspruch macht, älter als *Lambertus le Begues* zu sein und die Begharden sind allgemein anerkannt später als die Beghinen. Da nun die Falschheit der vilvorder Urkunden bewiesen ist, so ist für Belgien der unbestrittene Stifter der Beghinen *Lambertus.* Für das höhere Alter der deutschen Beghinen aber citirt *Mosheim* zwei Stellen, deren eine von ihm selbst als unrichtig bewiesen wird, so dafs nur eine einzige übrig bleibt. Beide Stellen befinden sich nach *Mosheim* in *Franciscus Petri: Suevia Ecclesiastica August. 1699 fol.* und zwar p. 455 u. p. 850. — P. 455 wird erzählt, ein Fräulein von Hof (*de Curia*) Namens *Anna* habe einen Garten, den sie vor dem Thore von Kauffbeuren (*Kauffbyra*) besafs, *anno 893 in Beguinarum domicilium convertisse.*

Dieses Datum ist *Mosheim* verdächtig sowohl aus andern Gründen, die er übergeht, als auch deshalb, weil *Martinus Crusius Annales Suecici Francof. 1596. fol. Pars III. Lib. IV. Cap. VI. p. 219* aus einer handschriftlichen Quelle erzählt, dafs dieselbe Thatsache im 14. Jahrhundert geschehen sei. Jene *Anna* stiftete zu Ludwig des Baiern Zeit das Kloster *St. Clara.* Jedem, der nur etwas von der alten deutschen Geschichte weifs, mufs diese letztere Angabe unbedingt als die richtige einleuchten, sagt *Mosheim.* Ebendaselbst p. 850 wird erzählt, dafs im Jahre 1100 in Waldsee (*quod oppidum est in Suevia Austrica. Mosh.*) ein *Beguinarum Collegium* von drei Schwestern gestiftet sei.

Dies ist die einzige mir bekannte Angabe von dem Vorkommen von Beghinen in Deutschland vor *Lambertus.* Es ist nun sehr wohl möglich, dafs dieselbe, sowie die erste des *Franciscus Petri,* auf einem Irrthum beruht. Ich empfehle die Untersuchung dieser Angabe den deutschen Gelehrten, da mir hier in Brüssel die Mittel dazu fehlen.

Falls die Richtigkeit dieser mir sehr unwahrscheinlichen Nachricht nachgewiesen würde, müfsten wir uns nach einer andern Ableitung des Namens umsehen. Ich führe deshalb hier noch aus *Mosheim* p. 96 — 100 Folgendes an:

In den *Actis Sanctorum* namentlich *Aprilis T. III. pag. 872* leiten die Jesuiten die Wörter *Beguina* und *Beghardus* ganz einfach von dem Altsächsischen *beggen* = *mendicare*, betteln, — davon das Englische *to beg, begging, beggar* — ab.

Auch die Benedictiner, die das *Glossarium med. et infim. latinitatis* von *Du Fresne* vermehrt herausgaben, halten diese Ableitung für die allerwahrscheinlichste. Dagegen bemerkt nun *Moshcim* mit vollem Rechte, dafs die älteren Beguinen und Begharden nicht bettelten, sondern sich von ihrer Hände Arbeit ernährten (was die belgischen zu allen Zeiten thaten). *Moshcim* will daher nicht gerade an dieser Bedeutung des alten *beggen* festhalten, sondern macht darauf aufmerksam, dafs dies Wort wohl in früheren Zeiten im Allgemeinen „inständig bitten" und daher auch „beten" bedeutet haben könne. Er nimmt daher an, dafs Beghard und Beggine einen Beter und eine Beterin, Betschwester bedeuten.

Dagegen ist nur zu erinnern, dafs, wenn dies der Ursprung des Namens wäre, die Deutschen höchst wahrscheinlich *Beggine* schreiben würden, während doch grade *Franciscus Petri* und *Moshcim* selbst *Beguina* schreiben; eine fremdartige Form, die sehr stark auf den lütticher Ursprung hinweist und die allein schon hinreicht, die Nachricht vom Jahre 1100 verdächtig zu machen.

Von den übrigen Ableitungen führe ich nur die Meinung derer an, die, um mit dem *Abbé de S*** l. c. p. 7* zu reden, glauben „*que ce linge qui entourant toute votre tête vient se rejoindre sous le menton en forme de beguinne que l'on met d'ordinaire aux petits enfans avait donné lieu au même nom.*"

Béguin oder, nach einer Stelle bei *Ryckel p. 635*, auch *Beghin* heifst im Französischen ein leinenes Kinderhäubchen, das unter dem Kinn zugebunden wird.*) Dies Kleidungsstück der Kinder heifst in Belgien noch heute „*Begyñe*", wie auch *Smet l. c. p. 103* bemerkt. Ich theile diese literarischen Notizen nur für den Fall mit, dafs die Existenz von Beghinen in Deutschland vor *Lambertus* gehörig nachgewiesen würde. So lange das nicht geschehen ist, ist jede andere Ableitung als die von dem Beinamen des *Lambertus* vom Uebel. Und für die belgischen Beghinen wird sich wohl nie eine andere Ableitung durchführen lassen.

III.

Notiz über die Begharden. **)

Die Begharden, auch *Beguini* und im Flämischen *Bogaerden* genannt, sind nach dem einstimmigen Zeugnifs der Schriftsteller spätern Ursprungs als die Beghinen.

Es sind durchaus keine Spuren einer Begharden-Gesellschaft vor dem 13. Jahrhundert aufzufinden. Zwischen den von einigen Schriftstellern erwähnten lütticher *coquins* und den Begharden ist kein Zusammenhang bekannt.***)

---

*) Siehe die Beschreibung der Tracht im I. Capitel.

**) Gröfstentheils nach *Moshcim l. c. p.* 163 *ff.*

***) Es sind einige alte aber unbestimmte Notizen vorhanden, nach denen *Lambert-le-Begues* auch ein Asyl für fromme Männer erbaut haben soll, die von den Lüttichern *coquins* genannt wurden. Nach *Jacobus Vitriacus* war dies ein Spottname; nach Andern (siehe *Fullonius Histor. Leod. p.* 282. 283) kam der Name von einer adligen Familie *des Coquins,* welche einen Hahn im Wappen führte und Stifterin des *Hospitale Coqui-*

Gramaye sagt in der *Bruxella p. 51: Ceterum cum Bogardi nomen a Begga Brabantiae Ducissa et ab ea originem sibi esse velint, tamen codices eorum initia referunt in annum 1215.*

In Löwen gab es nach *Gramaye, Lovanium p. 17* im Jahre 1220 Begharden.

Im Jahre 1228 kamen Begharden, die sich mit Weben ernährten, nach Antwerpen. Sie bildeten eine Brüderschaft ohne bestimmte Gesetze. Dies berichtet *Scribanius* in *Origin. Antverp.* Dasselbe sagen die Benedictiner, die die *Gallia christiana* herausgaben, *T. V. p. 125.* Dasselbe *H. Helyot Histoire des ordres monastiques, rélig. et milit. T. VII. p. 248.*

In der Begharden-Kirche in Antwerpen befand sich eine gegen das Ende des 15. Jahrhunderts beschriebene Tafel, worauf der Ursprung der Begharden vom Jahre 1128 datirt ist. Diese Tafel hat aber, ihres jungen Ursprungs wegen, gar keinen Werth. Der Abt *Ryckel,* der natürlich *Beggardi* schreibt, giebt selbst zu, dafs in ihrer Geschichte einige Verwirrung herrsche. Er weifs aber die Sache doch auf seine Manier plausibel zu machen, indem er ungefähr so sagt (in der *Vita p. 495*): „Die Beggarden sagen, sie stammen von der heiligen Begga. Nun mufs aber Jeder in der Geschichte seines Hauses am besten Bescheid wissen. Deswegen verdienen sie Glauben. Zweifeln wir doch nicht an der Wahrhaftigkeit unserer Mutter, wenn sie uns versichert, dafs sie es ist, die uns geboren."

Ein Begharden-Collegium war eine Gesellschaft eheloser Männer, die zusammen beteten, arbeiteten und

---

norum sein soll; nach einer dritten Meinung endlich (siehe *Goethals Lectures Vol. IV. p.* 8) kommt der Name *frères coquins* von *coquere, coquina,* weil in dieser Anstalt für arme Leute gekocht wurde.

afsen, ohne jedoch Gütergemeinschaft zu haben. Sie standen unter einem *Minister* oder *Magister*, dem sie Gehorsam versprachen, insofern es das Wohl der Gesellschaft erforderte. Sie hatten keine Regel und konnten, wenn es ihnen beliebte, die Gesellschaft verlassen. Ihre Tracht war einfach, braun, weifs, schwarz oder grau. Sie besuchten die Parochial-Kirchen und hatten bis 1291 zu ihrem Privatgebrauch nur Capellen, in denen sie beten und Vermahnungen hören durften.

Im Jahr 1291 nahmen die antwerpener Beghinen die dritte Regel des heiligen Franciscus an und wurden *fratres de poenitentia* genannt.

Im Jahre 1346 nahmen 17 Begharden-Gesellschaften in Belgien graue Kleidung an. Im Jahre 1443 gab der lütticher Bischof *Johann von Hinsberg* den Begharden-Gesellschaften seiner Diöcese einen *Superior Generalis.* Sie versammelten sich jedes Jahr in der Nähe von Lüttich in dem sogenannten *domicilio Zepperensi.*

Im Jahre 1450 baten die Begharden von Brügge den Papst *Nicolaus V.* um die Erlaubnifs, die dritte Regel des heiligen Franciscus annehmen zu dürfen. Im Jahre 1453 mufsten alle Begharden-Gesellschaften auf Befehl des Papstes *Nicolaus V.* die dritte Regel des heiligen Franciscus und damit die graue Kleidung annehmen. Später trugen sie jedoch alle schwarz.

Die verschiedenen Collegien — das antwerpener circa 1472 — unterwarfen sich allmählig dem *Generalis Minister Zepperensis* und der ganze Orden nannte sich später davon: *Congregatio Zepperensis Beghardorum tertiae S. Francisci Regulae.*

Im Jahre 1650 hob endlich *Innocens X.* den *Pater Minister generalis Zepperensis* auf und stellte sämmtliche Begharden-Gesellschaften, die noch in Belgien existirten, ungefähr 12 an der Zahl, unter die Botmäfsigkeit des Obern der *tertiarii* in der Lombardei. Sie behielten gar nichts als den Namen und bildeten eine Provinz des dritten Franciscanerordens.

Es giebt jetzt keine Begharden mehr.

* * *

Die belgischen Beghinen und Begharden haben mit den Begharden und Beguinen, die in Frankreich, Italien („*Fratricelli*") und Deutschland von Bischöfen, Concilien und Päpsten als Ketzer verfolgt und endlich ausgerottet wurden, gar nichts gemein. Nachdem die Ketzer anno 1311 von *Clemens V.* auf dem Concil von Vienne verdammt worden waren und man der Namensähnlichkeit wegen auch die belgischen anfocht, erklärte *Johannes XXII* anno 1318 ausdrücklich in einer *ad Bruxellenses* gerichteten Bulle, die belgischen Beghinen seien von dem Bann ausgenommen.

IV.

Nachricht über die benutzten Bücher.

Die in Folgendem verzeichneten Schriften stammen mit Ausnahme von drei Nummern, die von der Sammlung der Bollandisten herrühren, sämmtlich aus der ehemaligen *van Hulthem*'schen Bibliothek und befinden sich fast alle auf der königlichen Bibliothek in Brüssel. Nur die mit B. B. bezeichneten werden in der burgundischen Bibliothek bewahrt.

Die Nummern sind die des *van Hulthem*'schen Cataloges, mit Ausnahme der Nummern 7524 bis 7526 und der Nr. 16513.

No. 16513 *Aub. Miraeus**) *Origo Beginarum virginum in Belgio hodieque frequentium. Ad sororem Catharinam. Antverp. Typis Plantinianis. kl. 8. 1602.*

Von der Hand *v. Hulthem's* findet sich vor dem Titel bemerkt: *Ce petit traité extraordinairement rare de 20 pages sur l'origine des Béguines par Aubert le Mire a été imprimé à Anvers chez Jean Moretus* (Schwiegersohn von *Plantini*). *Il est inconnu à tous les bibliographes excepté à Paquot qui en fait mention dans les Mémoires litéraires I. 141. Joseph Ermens, savant libraire et bibliographe de Bruxelles n'ayant pas pu s'en procurer un exemplaire pour sa collection des Historiens des Pays-Bas a transcrit de sa main cet opuscule d'après un exemplaire qu'on lui avait prêté.* Diese Mühe hätte sich *Ermens* sparen können: denn dies Büchlein ist vollständig wiederabgedruckt in *Aub. Miraeus Chron. Cisterc. Ordin. Coloniae 1614. 8. p. 198—208.*

Eine sehr ansprechende und gutgewählte Zusammenstellung des Wissenswürdigsten über die Beghinen, namentlich den Ursprung derselben, ohne alle Polemik. —

Um dieselbe Zeit wurde ein Buch geschrieben, das erwähnt zu werden verdient, obgleich es nie herausgegeben ist. Der Pastor des *Beghinagium* zu Antwerpen, *J. F. Lumnius,* erhielt ungefähr im Jahre 1596 aus Lüttich eine handschriftliche *Vita ven. Lamberti Beghi,* mit deren Hülfe er ein Buch *de origine Beghinarum* schrieb, dessen baldige Erscheinung *A. Miraeus* in dem Büchlein an seine

---

*) B. B. — weil es eine Abschrift eines gedruckten Buches ist.

Schwester mit den Worten ankündigt: „*Demum Lumnii plenum hisce de rebus commentarium brevi ut speramus luce donandum.*" In demselben Jahre starb aber *Lumnius* (1602) und das Buch blieb ungedruckt. Der ungenannte Verfasser des Manuscripts No. 7524, der einige 20 Jahre später schrieb, wufste davon und sagt: „*quare nec ipsius unquam libri prelo dati sunt sed Deo sic disponente hactenus manserunt in scriptis.*" Gott fügte es aber glücklicherweise im folgenden Jahre anders: denn *Coens* benutzte die Handschrift zu seinen beiden Abhandlungen, so dafs wir gewifs sind, dafs nichts Wichtiges daraus unbekannt geblieben ist. *Coens p. 5. 146.* Das Werk von *Lumnius* ist ungedruckt geblieben. *Foppens* sagt in seiner *Bibliotheca Belgica* 1739 über *Lumnius* bei Aufzählung seiner Schriften: *De origine Begginarum scripsit latine. Liber exstat M. S.*

No. 7524. *Probationes**) *ac Fundamenta quibus S. Begga Ducissa Brabantiae demonstratur fundatrix Begginarum,* ein Manuscript von 12 Blättern fol., ohne Namen und Jahreszahl, aus der Sammlung der Bollandisten stammend; von dem sich aber beweisen läfst, dafs es im Jahre 1627 zur Befestigung der eben eingeführten Verehrung der heiligen Begga verfertigt ist. Wir lernen nämlich daraus, dafs die feierliche Einsetzung der heiligen Begga am 20. December 1626 stattgefunden hat (p. 10 unten); anderseits findet sich aber p. 12 folgende Stelle: „*Notandum ne unum quidem aut recentiorum aut veterum materiam sive de Sancta Begga sive de Begginis ex professo tractasse.* Da nun aber im

*) B. B.

Jahre 1628 drei Abhandlungen *ex professo* über diesen Gegenstand erschienen sind, so mufs dies Manuscript anno 1627 geschrieben sein. —

Enthält nichts Haltbares. —

No. 25233 *P. Coens S. T. L. Canon. Cathedr. Eccl. Antverp. Disputatio historica et brevis disquisitio an Beghinae nomen, institutum et originem habeant a S. Begga, Brabantiae Ducissa. Antverp. 1628. kl. 8.* in 42 Paragraphe getheilt, ohne Paginirung.

Van Hulthem bemerkt; *Petit traité extraordinairement rare, inconnu à Foppens et à Paquot. C'est contre ce traité que Zeger van Hontzum publia en 1628 sa „declaratio veridica".*

Dies Buch hat der Verfasser nur in wenigen Exemplaren abziehen lassen, um es seinen Freunden mitzutheilen. Es ist nicht in den Buchhandel gekommen. Es ist entbehrlich, weil es ganz in die gröfsere Abhandlung desselben Verfassers vom folgenden Jahre aufgenommen ist.

No. 25236 *Zegerus van Hontsum S. T. L. Canon. et Poenitentiar. Antverp. Declaratio veridica quod Begginae nomen, institutum et originem habeant a S. Begga Brab. Ducis. ac brevis simul refutatio Historicae disputationis Petri Coens. Antverp. 1628. kl. 8.* 68 Paragraphe, ohne Paginirung. —

„In quibus colligendis Hontsumus abusus est et suo et lectoris otio." Smet. —

No. 25243 *Pater F. Elias van Sante Teresa: het Gheestlyck Palays der beggyn-hoven. Antw. 1628. 8.* 237 Seiten, wird gewöhnlich unter dem Titel: *Palatium Begginagiorum* citirt. — Man lernt den Pater *Elias* hinreichend aus *Coens* Widerlegung kennen. —

No. 25234 u. 25235 *P. Coens Disquisitio historica de origine Beghinarum et Beghinagiorum Belgii cum adjunctis notis quibus Declaratio veridica etc. illustratur. Leodii. 1629. kl. 8. 239 Seiten,* befindet sich in zwei Exemplaren in der Bibliothek, im Cataloge sind aber beide Nummern irrthümlich als *idem* mit 25233 aufgeführt. Dies ist das Buch, das in vorstehender Abhandlung stets als *Coens* citirt ist. —

Das Hauptwerk über den Ursprung der Beghinen, in dem fast alle Quellen angegeben sind; durch gesunde Critik ausgezeichnet.—

No. 25238 *Erycii Puteani de Begginarum apud Belgas instituto ac nomine suffragium, quo controversia recens excitata sopitur. Lovanii. 1630. 4. 26 Seiten.* Es ist ganz in das folgende Buch aufgenommen.

Der löwener Professor spricht mit declamatorischen Phrasen zu Gunsten der heiligen Begga und macht die vilvorder Urkunde bekannt. —

No. 25242 *J. G. a Ryckel ab Oorbeeck Abbat. S. Gertrudis Lovan. Vita S. Beggae Duciss. Brabant., Andetennensium Begginarum et Beggardorum Fundatricis, vetus hactenus non edita, commentario illustrata. adjecta Historia Begginasiorum Belgii. Lovan. 1631. 4. 758 S.* Es ist so voluminös, weil es die Geschichte sämmtlicher Beghinhöfe und aller Wunder, die von Beghinen verrichtet sind, auf eine höchst erbauliche Weise erzählt. Enthält in einem Wust von Faseleien manche interessante Notizen über die Geschichte der Beghinhöfe, aber ohne alle Ordnung und Methode zerstreut. Siehe übrigens über den Sinn und Geist des Buchs das ob. S. 42 ff. Bemerkte.

No. 25240 *Lettre de Mr. l'Abbé S*** à Mlle de G*** Beguine d'Anvers sur l'origine et le progres de son institut avec Figures. Paris. Girard. 1731. kl. 8. 53 Seiten.*

Der leichte ächtfranzösische Conversationston dieses Briefes bildet einen sehr charakteristischen Contrast gegen die Pedanterie, mit der die belgischen Theologen einer geringfügigen Angelegenheit eine ungebührliche Wichtigkeit gegeben hatten. Ich lasse hier einige Stellen folgen. *pag. 2: Je vous avoue franchement que sans certain Chartre de l'année 1065 que l'on pretend s'étre retrouvé heureusement pour vous dans l'archive de votre Beguinage de Vilvorde J'aurois peine à vous accorder 500 ans d'antiquité; p. 4: Le bon Abbé Ryckel d'Oorbeck etc.;* nun folgt ungefähr die oben S. 45 mitgetheilte Stelle bis zu den Worten „*XII siecle*" und dann fährt der Verfasser fort: *et, qui plus est, vous donnaient pour Patriarche un certain Lambert, zelé Ecclesiastique de Liege qui fleurissait alors et dont le surnom de le Begue (à cause qu'il begaijoit) devoit aussi, selon eux, vous avoir imposé le nom de Beguine, quoique ce n'ait jamais esté le deffaut de vôtre Sexe qui d'ordinaire a la langue bien deliée.* Der Verfasser drückt dann seine Verwunderung darüber aus, wie soviel ernsthafte Männer sich *sur un sujet si mince* haben zanken können. Es gäbe ja Heilige genug im Paradiese, *peut-estre meme de meilleur alloy* als die heilige Begga, die den Beghinen dieselben Dienste bei dem lieben Gott erzeigen könuten. *Si neantmoins une devotion toutte particuliere vous attachoit au Culte de Ste Begge, J'y consens, mais titre de Fondatrice à part s'il vous plait, Sinon j'exigerai de vous tout autant de veneration pour la memoire de ce pieux Lambert de Liege.* — Ueber die Kleidung sagt er, daſs die Beghinen, während sie früher die Wahl zwischen blau, weiſs, grau und braun gehabt hätten, jetzt allein auf die schwarze Farbe angewiesen wären, so daſs nur noch die Kopfbedeckung sie auszeichnete. *Tout bien consideré me sera-til permis de dire, sans vous offenser, que s'il est vrai que l'habit nè fait pas le moine, il doit certainement faire la Beguine; car enfin qui est ce qui vous characterise et vous distingue si non l'habit?* u. s. w. Zuletzt verhehlt der Briefsteller seiner Freundin nicht, daſs der Teufel im Laufe der Jahrhunderte mit Erfolg darauf hingearbeitet hätte, die Zahl der Beghinen zu verringern. In Frankreich gebe es seit dem Concil von Vienne, 1311, gar keine Beghinen mehr und in Holland seien sie nach dem Religionskriege auch fast gänzlich ausgegangen. Indeſs gäbe es nach einem ungefähren Ueberschlage doch immer noch, hauptsächlich in Belgien, circa 10,000. *Pour conclusion suffrez que Je vous dise que si touttes avoient comme vous autant d'esprit, de sagesse et de pieté ce seroit de quoy contre-balancer le merite de Ste Ursule et de ses Compagnes.*

No. 25241 *J. L. a Mosheim (inclytae Georgiae Augustae dum in vivis esset Cancellarii) de Beghardis et Beguinabus commentarius. edidit et appendicibus locupletavit Martini. Lipsiae. Weidmann. 1790. 8. 675 Seiten.* Enthält pag. 1—195 sehr gelehrte und umständliche Untersuchungen über den Ursprung der Beghinen und Begharden, ihre verschiedenen Namen u. s. w. Der göttinger Professor hätte nur etwas weniger Gewicht auf die Autorität von *Gramaye* legen, dagegen aber mit mehr Aufmerksamkeit *Coens* lesen sollen: dann wäre er rascher zum Ziele gekommen, Er sagt freilich p. 78, dafs er die *Disquisitio historica de orig. Beghinar. etc.* gelesen, richtet aber hinsichtlich des Titels eine kleine Verwirrung an. Nach ihm soll die *Disquisitio etc.* 1627 in 12° erschienen und im Jahre 1628 vom Pater *Elias* bekämpft sein, *Coens* aber 1629 *Notae in declarationem verid. Zegeri van Honts. Leodii. 8.* herausgegeben haben, während sich die Sache genau so verhält, wie ich sie in Vorstehendem und in der Abhandlung S. 29. 30. nach *Coens* eignem Berichte in der Vorrede zu seiner *Disquisitio*, angegeben habe. Die Widerlegung von *Zeger v. Honts.* ist nie abgesondert bekannt gemacht, sondern in die *Disquisitio* verflochten. Wenn *Mosheim* nicht sagte er hätte *Coens* gelesen, so würde man es nicht glauben: denn er führt p. 14 *Coens* zusammen mit *Zeger v. Hontsum* und *Guillaume de Rebreviettes* als einen Solchen an, der im Grunde doch nur dem *Gramaye* nachgesprochen hätte! — Auch mit *Puteanus* und *Ryckel* macht er zuviel Complimente, beurtheilt sie aber doch zuletzt pag. 86 richtig. —

Wer Lust hat, sich über die Verfolgungen der Begharden und Beghinen in Deutschland und Frankreich genau zu belehren, lese *Mosheim p. 196—480* und die Fortsetzung dieser Ketzerverfolgungen in den beiden *Appendices* von *Martini p. 481 — 675.*

No. 25382 *J. Ghesquieri Acta Sanctorum Belgii selecta cum Figuris. Bruxell. 4. Tom. I. 1785.* Der *Tom. V. J. Ghesquieri et C. Smetii: 1789* enthält auf 13 Quartseiten die *Vita S. Beggae ex edit. Ryckelii.* Vorher geht aber ein *Commentarius de S. Begga Vidua Andanae in comitatu Namurcensi die XVII Decembris culta* von *C. Smet p. 70 — 111.* Der §. III. dieses Commentars enthält eine sehr gut gearbeitete Abhandlung über die Beghinen und das *Fac-simile* der vilvorder Urkunde.

Diese Abhandlung ist unter den mir bekannten über die Beghinen die jüngste.

Der Curiosität halber erwähne ich noch:

No. 7525 *De Primaria Institutione Beghynarum et quomodo nomen Beghyna sortitae sunt* *). Ein Manuscript von 13 Quartseiten. Am Rande ist bemerkt: *Ex Msto Libro S. Jacobi Leodii post vitam* * * * *in 8° in chartâ* (den Namen kann ich nicht lesen) Die *pointe* der Geschichte ist die Ableitung des Namens *Beghyna.* Ein König von Böhmen, der *Rybaldus* heifst, hatte eine Frau *Beatrix* und zwei Töchter *Ghyselgundis* und *Nazarena.* Ein weiser Magister an der Prager Universität machte den Namen, indem er die erste Sylbe von jedem der drei Frauennamen trennte und diese drei Sylben *Be-ghy-na* vereinigte. *Beghyna* soll im Syrischen soviel heifsen wie *ancilla.* Zu diesem Thema hat, wie es scheint, ein wortklaubender Mönch in dem abscheulichsten Latein eine Geschichte gedichtet, die an Abgeschmacktheit schwerlich ihres gleichen finden möchte. Ich erlaube mir zur Ergötzung des Lesers ein paar Stellen auszuschreiben. Da die beiden Princessinnen sich in den Magister verliebt hatten, so heifst es weiter p. 2: „*Regina itaque perplexa cogitavit intra se, quid in huius rei articulo foret agendum*". — p. 4: „*Tunc mater audiens quod in tantum erant ad ordinem Sanctimonialium af-*

*) B. B.

fectionatae, exposuit regi filiarum suarum intentionem sanctam Rex vero virtuosus cordialiter ipsas dilexit." — Nachdem der König seiner Gemahlin erlaubt hatte, sich mit ihren Töchtern zur Beghine zu machen, wandelte ihn doch noch einmal die Lust an, die Königin als seine Frau betrachten zu wollen. Wie übel ihm das bekam, wird in Folgendem erzählt p. 10: „*Propterea una dierum intravit hortum beghynarum cum tali proposito quod iterum cum uxore suo vellet convenire carnaliter etc.* p. 11: *Unde ipsa coepit ubertim flere, timens infringere votum suum Jesu Christo sponso suo promissum. Incunctanter veniebant duo nigri homines, horribiles valde, rapueruntque regem cum manicis, et educentes eum de porta domus flagellaverunt eum acriter a vertice capitis usque ad plantas pedum, relinquentes eum sic jacere flagellis immaniter caesum et vulneratum extra portam congregationis.*"

Ich habe vergeblich mich bemüht, ein syrisches oder hebräisches Wort zu finden, das wie *beghyna* lautet und *ancilla* bedeutet. Der einzige Anklang, den ich habe finden können, liegt in dem Worte גֲנָּה oder גִנָּה = hortus *), das mit dem vorgesetzten בְּ wie *beghyna* lauten würde. Man thut aber vielleicht dem namenlosen Verfasser zu viel Ehre an, wenn man seiner Production irgend einen Grund unterlegen will.

Unter der folgenden Nummer

No. 7526 befindet sich ein alter Bogen**) von der Gröfse eines gewöhnlichen Druckpapierbogens, der aus einer obern und untern Hälfte zusammengeklebt ist. Auf

*) Beghinhof heifst *hortus* oder *curtis beghinarum.*

**) B. B.

der untern Hälfte steht ein kurzer Auszug aus der höchsterbaulichen Geschichte von der Stiftung der Beghynen im Böhmerlande, flämisch in 2 Columnen gedruckt mit der Ueberschrift: „Hier nae volcht den oorspronck hoe die Beghynen yerstwerf op ghecomen zyn inder Heylighen kercken." Die obere Hälfte nimmt ein alter Kupferstich ein, der den heil. Bischof und zu seiner Rechten den König mit seinem Sohne, zur Linken die Königin mit ihren beiden Töchtern vorstellt.

C. Smet sah diese beiden letzten Nummern in der Sammlung der Bollandisten, wie er *l. c. p. 105* erwähnt.

Druckfehler.

S. 18. Z. 20 statt *sacerdotans* lies *sacerdotaux*.
- 34. - 29 ist folgende Anmerkung hinzuzufügen: *Urban II.* regierte 1088 — 1098.
- 41. - 15. 21 statt Grünberg lies Grimberg.
- 64. - 10 statt *Patro* lies *Patre*.

Fig. 3

In Gent nach der Natur gezeichnet von Felix L

Fig. 1

1842.

gedr. v. W. Gutschmidt

taf. I.

Fig. 2.

Vniuersis presens scriptum visuris. Mag

hyt de hilforde sine ciuitate. Vniuersis aliis vi

prout beghinis in curia nostra residentibus di

deliberacione habita quod siliginem illam que sit d

piet. Et ab illo qui vicegerent in curia

in persona ab illo qui debet sit persoluta. Da

pbrorum littera et magistrarum principalium disp

pauperum beghinarum videbitur expedire. It

mensele qui dimisit de predicta siligin

sororum predicta siligo integraliter stabit

nstitur. Hoc in proximo debias ... nr

presentes litteras sigillo curie nostre fecimus sigill

Sigillum hodiernum

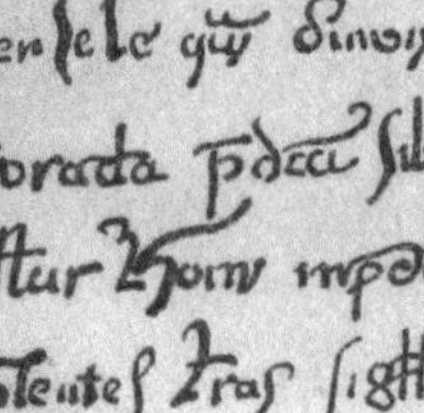

Nach dem

in den A

durchgezo

Brüssel

…t is beghinas de solatio be marie
…n nos facimus … carid una … pdu'
…s in natali dni ppetue solvendos et
…l pauperum beghinarum dn moscit ptine rea'
…llercer instabit dni pdtm debitu
…dnte qui pdta quenzhit de [illegible]
…glciam earum prout melius [illegible]
…g dreail beghina nra dca de vas-
…sit ruda … pdta vero [illegible] ac Luce
…d usu pauperum beghinarum … demceps
…ven dicare. In cuius rei testim munime
…Annodomini. m cc lx v mense decembri

…fer gestochenen Facsimile
…Belg. select. Brux. 1789.
…d auf Stein übertragen.

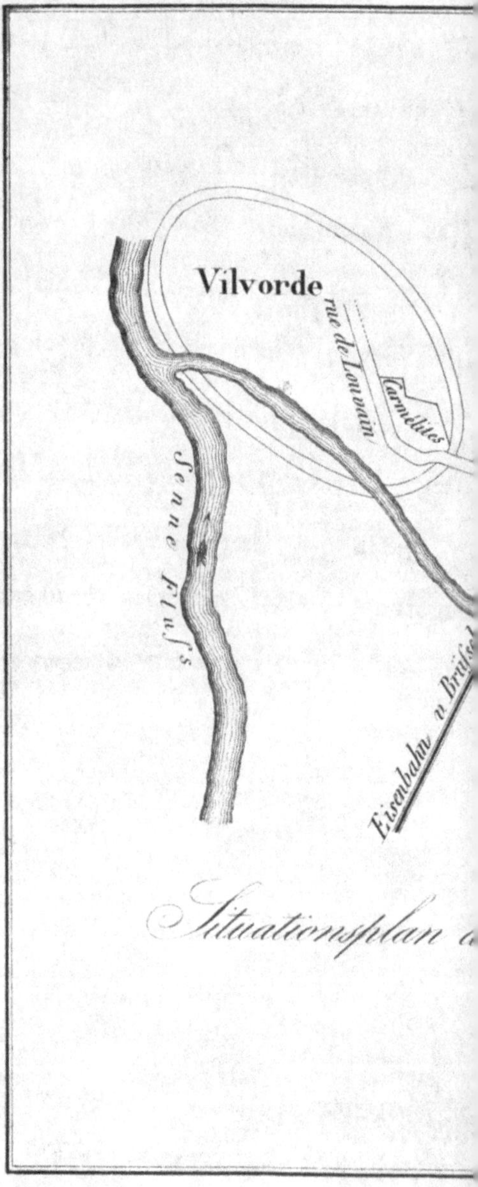
Vilvorde
rue de Louvain
Carmélites
Senne Fluss
Eisenbahn
Situationsplan

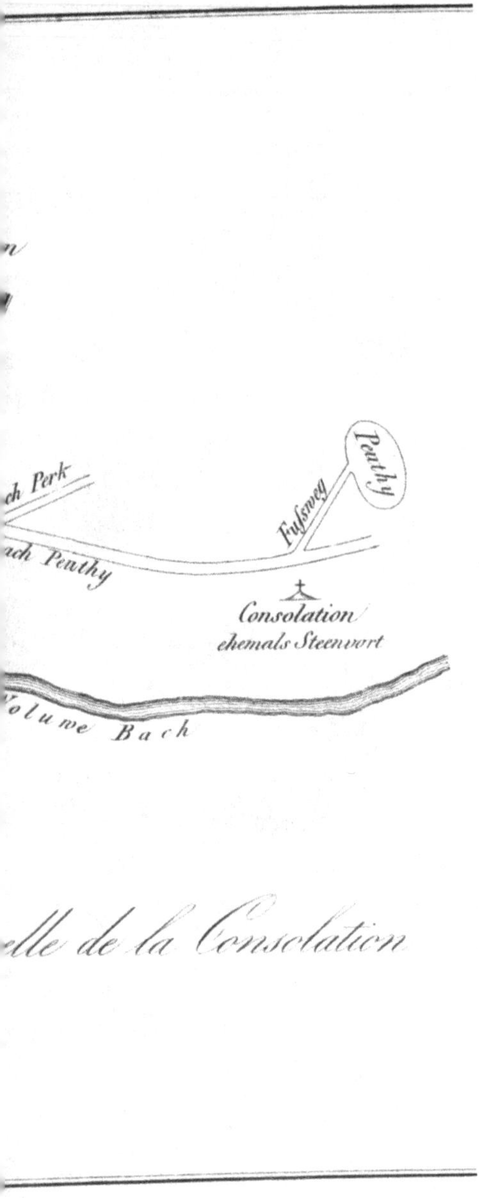
ch Perk
ach Peuthy
Fufsweg
Peuthy
Consolation
ehemals Steenvort
olume Bach
elle de la Consolation

Chapelle de

an der Stelle des en

(26.

TAF. III.

olation

Steenvort